我们一起解决问题

链路

触发消费者购买的十大关键点

焦玉豹——著

人民邮电出版社

北京

图书在版编目（CIP）数据

链路营销 : 触发消费者购买的十大关键点 / 焦玉豹著. -- 北京 : 人民邮电出版社, 2020.8
ISBN 978-7-115-54325-7

Ⅰ. ①链… Ⅱ. ①焦… Ⅲ. ①网络营销 Ⅳ. ①F713.365.2

中国版本图书馆CIP数据核字(2020)第111606号

内容提要

随着互联网经济的快速发展，流量成为影响企业生存发展的重要因素，但是大量的流量被少数几家头部企业掌握，中小企业面临获客成本高、流量贵的困境。在这种情况下，中小企业应该如何精准地获取流量、高效地开展营销工作呢？

本书以链路营销为核心，结合“O-5A-GROW”模型，全方位地解析了链路营销的开展方法。作者从挖掘机会、触发感知、引起好奇、主动问询、诱导行动、获得拥护、品牌知名度、深度种草、众媒养成、口碑建设 10 个方面进行讲解，给读者提供了切实可行、拿来即用的方法和建议。同时，本书还提供了大量可供读者参照借鉴的真实案例。例如，李佳琦如何带货，VIPKID 如何借力百度 N.E.X.T.打通营销全链路，OPPO 如何玩转悬念营销，以及小红书、抖音如何种草，等等。总之，本书能够为中小企业开展链路营销提供有效的指导。

本书适合企业中从事营销、广告、运营工作的人员以及高等院校相关专业的师生阅读。

◆ 著　焦玉豹
责任编辑　张国才
责任印制　彭志环
◆ 人民邮电出版社出版发行　北京市丰台区成寿寺路 11 号
邮编　100164　电子邮件　315@ptpress.com.cn
网址　https://www.ptpress.com.cn
大厂回族自治县聚鑫印刷有限责任公司印刷
◆ 开本：700×1000　1/16
印张：15　2020 年 8 月第 1 版
字数：150 千字　2020 年 8 月河北第 1 次印刷

定价：69.00 元

读者服务热线：(010)81055656　印装质量热线：(010)81055316
反盗版热线：(010)81055315
广告经营许可证：京东市监广登字 20170147 号

前言

Foreword

21 世纪，企业面临着诸多严峻的挑战：传统企业数字化转型、流量越来越贵、用户需求难以捉摸、细分市场逐渐崛起等。在这种形势下，营销在企业运营中占有越来越重要的地位，它直接决定了企业获得的利润，是企业在市场竞争中获胜的强有力武器。

从盈利角度看，营销活动对塑造产品形象和提升用户黏性具有至关重要的作用。但是，现在市面上宣传的新式营销概念常让企业营销人员眼花缭乱。

李佳琦能在自己的直播间里卖出上万支口红，一句“OMG”就能让一些产品即刻断货，于是直播带货马上被各大企业奉为圭臬。但是，当营销人员追赶直播带货的热潮时，却没有真正深究直播带货为什么会帮助企业提高销量。

那么，企业究竟如何提升用户转化率呢？答案就是打通多端流量，以用户为中心，重构一条从内容平台到电商平台的消费路径。这个理念就是链路营销。

链路营销打破了传统营销只能在单一场景中进行的营销边界，可以形成从了解、认可到转化的完整销售闭环，极大地缩短了产品到用户的路径，有效提升了用户转化率。

链路营销不同于整合营销，不是用大范围覆盖营销渠道的方法来抢占消费者心智，而是诱导消费者的行为，让消费者能所见即所购。在链路营销中，消费者从看见产品信息到最终付款交易，所有行为都被串联在一起。而在传统的广告营销中，消费者从看见产品信息到付款交易，中间会经过了解、比价、查找、交易等多个环节，导致用户有很大概率在中间环节流失。

链路营销把这些购买环节缩短至几分钟甚至几秒钟，消费者在热情还没有消失时便完成了转化，从而大大提高了企业产品的销量。

企业营销没有终点，如果企业不能根据市场变化选择合适的营销方式，最终只能被市场淘汰。在如今这个消费主权时代，用户应该是企业营销的核心，企业应该着重挖掘用户行为，找出用户转化的节点并把它们串联起来，做到“人、货、场”三位一体。

本书以链路营销为主要内容，依托“O-5A-GROW”模型对链路营销做具体的分解，从挖掘机会、触发感知、引起好奇、主动问询、诱导行动、获得拥护、品牌知名度、深度种草、众媒养成、口碑建设 10 个方面进行了详细讲解。另外，本书还引用了大量实际案例，指导读者如何把链路营销应用到企业的实际运营中。

目录
Contents

第 4 章 PART 4 引起好奇（Appeal）：用良好的定位占据用户心智

第 5 章 PART 5 主动问询（Ask）：多渠道提升品牌号召力

第7章 PART 7 获得拥护（Advocate）：为品牌沉淀消费者资产

第8章 PART 8 品牌知名度（Gain）：提升链路营销的覆盖广度

第 1 章
PART 1

链路营销："O-5A-GROW"模型

近年来，"整合营销"一词在商界很少被提及，而"链路营销"这个新词却被讨论得越来越多。2020 年，全链路营销更是迎来了爆发的一年，阿里巴巴、腾讯、字节跳动等互联网巨头企业都在追求链路营销，链路营销的魅力究竟在何处呢？

链路营销是从整合营销进化而来的，它把机械整合变为有机整合，更关注各类营销资源是否保持统一。链路营销把消费者从第一个广告触点到最终形成购买转化的全部行为链条连接起来，形成一条通路。

1.1 链路营销为什么比整合营销更具竞争力

链路营销究竟有什么吸引力才能让各大互联网公司争相青睐呢？相对于传统的整合营销，链路营销更加注重对用户的经营，形成环环相扣的营销链条，贯穿用户购买的每一个环节。

1.1.1 移动互联网时代，整合营销的缺陷

现今，营销资源越来越生态化，广告不止于视频营销，甚至可以围绕 IP 辐射到社交、电商、直播、资讯等各个平台，做全面的整合营销。但是，如果冠名一档综艺节目的费用是 1 亿元，再加上 5000 万元整合其他资源的费用，那么这档综艺的投入就将近 1.5 亿元，国内又有几家企业能为一档综艺节目负担 1.5 亿元呢？

这也是近几年整合营销面临的困境。全世界的传播媒介格局逐渐趋于碎片化，每家企业都知道要把各个媒介整合在一起，才能覆盖最多的消费者。但是，面对各种综艺大剧，又有哪家企业能把所有媒介一次性整合在一起呢？

很显然，在当前的传播背景下，企业要从整合营销过渡到有机整合营销，链路营销因此应运而生。最早是阿里巴巴提出了“全域营销”；后来，腾讯提出了“全链路营销”；2019 年，字节跳动提出了“5A”链路模型；2019 年年底，爱奇艺提出了“AACAR”链路模型。可见，这些互联网巨头已经对链路营销跃跃欲试。那么，它究竟凭什么能顶替整合营销成为我国媒体巨头们的新宠呢？在我看来，整合营销和链路营销的最大区别是整合营销为了占

据消费者的心智，而链路营销为了驱动消费者的行为。

20 世纪 90 年代，唐·舒尔茨提出“整合营销”，它指把企业所有的营销活动，如户外广告、内容营销、终端促销等整合成一个整体，通过不同的传播活动一起创造共同的品牌形象，即用同一个声音在不同的地方说话。

“整合营销”是信息时代必然出现的产物。因为在一个超量信息环境中，企业通过一个渠道向消费者传递 100% 的信息，而最终留在消费者记忆里的只有 1%。所以，唐·舒尔茨才提出了“整合营销”的概念，企业只有把所有传播手段整合起来，才能“利出一孔”。其原理如图 1-1 所示。

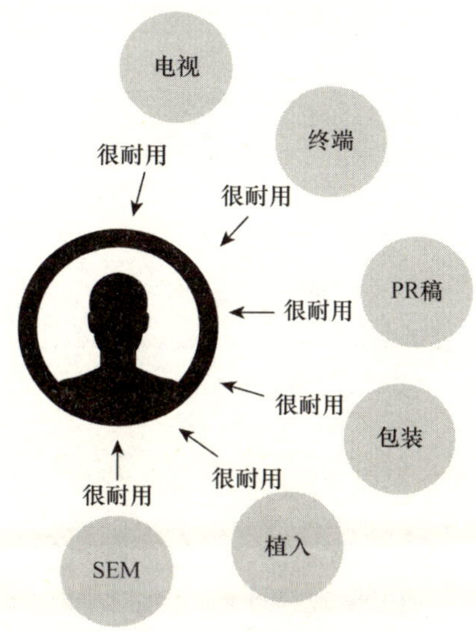

图1-1　整合营销的原理

虽然“整合营销”已经十分匹配当下的传播环境，但依然不是最佳选择，原因如下。

第一，当下信息碎片化的程度已经超乎人们的预想，企业需要的不仅是整合营销，而是更高效的整合营销。

第二，广告对消费者的影响周期越来越短了。以往广告和卖场是分离的，所以企业要对广告信息进行精简，做成一张海报、一段电视广告片，方便消费者记忆，让他们到线下购物时还能回忆起品牌。而现在广告和卖场是一体的，消费者可以所见即所购。例如，李佳琦直播卖口红，消费者可以马上点击购买。因此，广告不再仅仅是一种心智占领，也可以是一种消费诱导。

第三，营销更注重的是效果，而不是品牌。大多数企业虽然都没有放弃品牌广告，但也会在背后计算每一支广告的投入与产出比。腾讯更是合并了品牌和效果两个团队，无差别地服务广告主。相对于品牌广告而言，效果广告更注重消费者购买产品的整个行为链条。

因此，“链路营销”成了一种新风向。链路营销脱胎于整合营销，把以往的机械整合变成了有机整合。消费者从第一个广告触点开始，到最终形成购买的全部行为都被串联在一起。其原理如图 1–2 所示。

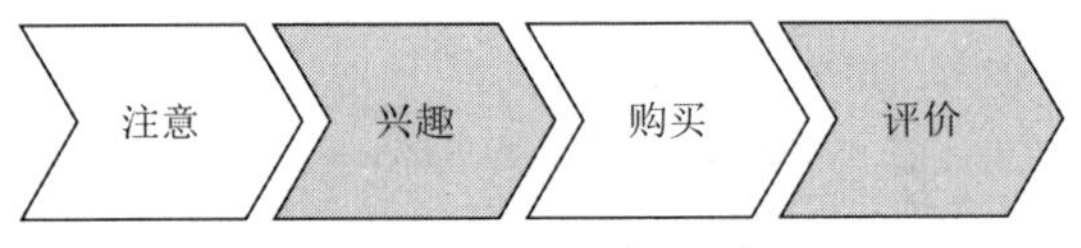

图1–2　链路营销的原理

整合营销是所有地方共同出声，用大声量抢占消费者的记忆。链路营销是在整合之余更关注广告活动对消费者行为的影响，除了关注空间维度以外，还关注时间维度，目的是驱动消费者的购买决策。

1.1.2　新型营销模式进化：链路营销的新发现

1898 年，美国广告学家刘易斯提出“AIDMA”营销模型，这是最早的链路营销，它描述了消费者购买商品的整个心理过程。消费者首先注意到广告，其次感到趣味，再次唤醒购买欲望，然后留下深刻印象，最后产生购买行为。但是，这个模型距今已有很多年头。随着互联网对消费者生活影响的逐步加深，AIDMA 模型已经无法精准地诠释消费者的行为路径了。2005 年，电通公司完善了 AIDMA 模型，提出了更适合互联网传播环境的模型，即 AISAS 模型。

AISAS 模型将后三个阶段变为主动搜索品牌信息、达成购买交易和分享购买感受。迄今为止，这个模型还适用，但存在一定的适用范围，它更适合"高决策力"的产品，如汽车、手机、房产等。这些产品的价格高，消费者通常都会深思熟虑、多方权衡才下决心购买。如果是一罐饮料，AISAS 模型就显得有些多余。因为消费者通常不会去搜索品牌信息，达成购买交易通常也只是一瞬间的事。

当前，大量互联网企业应运而生。不同于传统企业，它们的营销目标通常是获取用户。例如，农夫山泉的营销目标是销售更多的矿泉水，而 QQ 的营销目标是让更多人下载 App。这个过程中诞生了诸如"拉新""留存"等新的营销概念，而传统的品牌理论也遭到了新经济体的肢解。链路营销自然也出现了新模型，最典型的是增长黑客理论提出的"AARRR"模型。这种模型倾向于用技术手段影响用户的行为，成功帮助 Facebook、Twitter 等互联网企业获得了爆炸式的增长。我国的饿了么、拼多多等互联网企业的崛起也依赖这个增长理论，而不是传统的品牌理论。增长黑客理论提倡"去广告化"，把投放广告的钱补贴给用户和技术，这种模式在当下更受到甲方的追捧。

2019 年，国内外的知名互联网企业都在为链路营销喊话。但是，要想链路营销成立，就要符合以下几个原则。

（1）链路不能断裂

简单地说，链路就是一个环环相扣的链条，如果这个链条中有两个环没有连在一起，就意味着这个链路是残次品。例如，消费者在优酷上看到了宝马的广告，他在有购车需求时通过论坛了解了这款车的相关参数，并得到了一次试驾的机会。

消费者在网上对比了其他相关品牌的信息，发现宝马最近有优惠，而且上次试驾之后留下了电话号码；4S 店的导购员最近常打电话推销；最终，消费者决定购买宝马汽车；驾驶一段时间后，消费者在宝马论坛分享了自己的驾驶体验。这条链路看似紧扣消费者的决策流程，但每一步都可能随时断裂，而断裂就意味着用户的流失。例如，消费者可能记不住宝马的广告；或者消费者上网搜索相关信息时，因发现其他品牌车型的性价比更高而最终购买其他车型。在这样的链路中，消费者从广告到购买的步骤太多，耗时也长，广告主无法抓牢消费者的行为轨迹。所以，企业现在要尽可能地缩短营销链路，让链路更高效。

（2）更短的链路

广告营销也怕“夜长梦多”，企业只有牢牢抓住消费者的每一步心理活动，不让消费者思考，才能最快与他们达成交易。如何省略中间步骤，加速消费者的决策过程，是建立高效链路的关键。企业要想达成这样的效果，就必须在让消费者看到广告的同时引起他的兴趣，降低他的心理防线，最好能在购物的同时进行分享裂变。例如，拼多多的拼团就是这个原理：一是限时，让消费者没有思考的时间；二是打折力度大，激发了消费者的购物欲。

因此，这样的广告就需要从消费心理去设计，而不是产品功能。例如，脑白金的成分是褪黑素，功能是治疗睡眠，如果广告仅从产品功能出发，应该是“治睡眠，找脑白金”。然而，脑白金最终的广告词是“今年过节不收礼，收礼只收脑白金”，这就是从消费心理去设计广告。

所以，缩短转化链路就要唤醒消费者的购物欲，让他们没时间斟酌、思考就做出决策。但是，那些高决策产品如何缩短营销链路以减少用户流失呢？这就需要数据和媒介的无障碍流通。

（3）数据要能无碍流通

很多营销活动丢失了潜在的消费者，都是因为消费者中途离开了投放的媒体，企业自然就失去了追踪消费者轨迹的能力。例如，消费者在微信上看到了关于智能饮水器的文章，但是他没有点击文章末尾的链接下单，而是选择到天猫旗舰店购买。企业虽然获得了订单，但是无法知晓订单从何而来。

如果消费者在抖音上看到智能电器的广告，他点击购买按钮可以一键跳转淘宝，这样企业就能获得完整的用户行为数据。因此，企业要做的就是在不同的媒体生态里建立不同的链路模型。那么，如何判断媒体的数据能力能否支撑整个链路呢？

（1）媒体有没有后链路数据

后链路数据就是最终的市场端数据。以三只松鼠为例，后链路数据就是天猫旗舰店的销量数据；以拼多多为例，后链路数据是 App 的新会员增长和购物数据。

链路营销是为了驱动消费者最终的购买、下载等行为，而不是广告的点击行为，因为一切营销都要服务于市场结果。只有打通后链路数据，才能为广告定向、内容制作、选择广告位置等基本的广告投放问题提供导向。例如，淘宝打通了商品界面和支付宝的购买系统，使整个购买过程的数据畅通无阻。

（2）媒体要有足量的前链路数据

字节跳动成为我国第二大广告媒体商就是依赖前链路数据。前链路数据就是广告行为数据，是消费者浏览、点赞、评论等数据指标。大数据技术成立的前提就是数据量要大，才能看出趋势和端倪。例如，微信朋友圈和今日头条，前者一天只能投放三条广告，后者却可以投放无数条。获取的数据越大，广告优化的空间就越大，这是字节跳动最显著的一个优势。

1.2 链路营销“O-5A-GROW”模型

云图提出的“O-5A-GROW”营销模型是营销活动从流量管理到用户管理的一个过渡。O 是 Opportunity，即公域流量内持续挖掘机会人群；5A 是私域用户沉淀，是品牌用户的长效经营与管理；GROW 是价值评估模型，可以全面衡量营销活动效果。

1.2.1 O：持续挖掘机会人群

如今，广大用户最底层、最基本的需求已经被百度、腾讯、阿里巴巴等互联网大公司满足。企业需要找到新的机遇点，就要关注不同的人群，去关注属于他们的差异化需求。在当下的互联网环境中，企业只需服务好一种人群，就能获得超额收益。

对人群的定义，可以按照不同的标签进行细分。同一个人在不同的场景下会有不同的标签，所对应的满足需求的方式也有所不同。例如，按地域可以将人群划分为一线、二线、三线城市和农村人群；按教育程度可以将人群划分为博士、硕士、本科、大专；按收入可以将人群划分为高收入、中产收入、一般收入、学生；按工作行业可以将人群划分为互联网、金融、农业、法律；按兴趣可以将人群划分为二次元、体育、旅游、宠物；按专业程度可以将人群划分为专业用户、熟悉用户、入门用户。凡是存在一点差异化的人群，都能定义成不同的人群。

随着社会整体的发展，人群结构和人群标签都在不断变化。例如，我国整体的 GDP 上升会带来消费升级的机会，包括留学、金融、旅游等领域。人群标签也会随着社会各方面的发展发生细微变动，虽然不如社会的结构性变化带来的变动大，但是也足够产生新的细分市场，如近几年出现的电竞、自媒体等细分人群。

企业要想挖掘机会人群，就要了解更多的人群，多关注身边人的动态。例如，从朋友圈、日常聊天中就可以感知到哪些人群标签是在变化的；身边的猫奴、狗奴越来越多，就可以表明爱宠人士是一个新崛起的人群。

社会热点也是一个观察人群的窗口，具体可以通过微博热搜、公众号文章等途径。例如，从创造 101 的火爆可以看出女团粉丝是一个新崛起的人群。

注意市场上的新产品和新模式，也可以看出新产品的特定服务人群，企业可以利用快速增长的新产品反向推出人群的变化或找出之前忽略的人群。例如，拼多多的火爆让许多产品经理意识到了之前忽略的下沉人群。

宏观上，社会整体的动态，如各类统计局、财经媒体发布的经济分析报告和经济宏观分析，也可以指导企业发掘机会人群。例如，人均 GDP 达 6000 美元以上，就意味着这个国家将进入休闲时代。

1.2.2　5A：私域用户沉淀

过去，企业注重的是流量管理，缺乏对用户行为的跟踪；而现今的营销方式应以用户为中心，提升流量应用效率。云图的理论基础就是"品牌与用户的真实关系"。

消费者如今的购买习惯改变了，以前的营销模型不足以说明现代顾客的消费体验路径。最早的 AIDA 模型将消费者的消费路径分为注意（Attention）、兴趣（Interest）、欲望（Desire）、行动（Action）。后来，德瑞克·洛克又提出"4A 模型"，将消费者的消费路径分为认知（Aware）、态度（Attitude）、行动（Act）和再次行动（Act again）。

相对于 AIDA 模型，4A 模型更在乎顾客的购买行为，把"重复购买"作为评价顾客忠诚度的重要指标。但在网络时代，消费者对品牌的认知可能受到了社群的影响。例如，消费者加入的某一个社群的人都买了哪种商品或都去了哪里旅游。此外，科特勒认为顾客的忠诚度不仅由购买率决定，还由品牌拥有多少积极拥护它的粉丝决定。

科特勒在《营销 4.0》中用 5A 理论定义了用户与品牌的关系，分别是认知（Aware）、诉求（Appeal）、询问（Ask）、行动（Act）及拥护（Advocate）。这个理论还原了用户与品牌间关系流转的全过程。

认知阶段是消费者被动接受过往经验、营销传播或他人倡导的品牌信息。这个阶段是顾客进入消费体验路径的第一步，也是品牌知名度的来源。诉求阶段是消费者在接收品牌信息之后会处理这些信息，形成短期记忆或扩大成长期记忆，最后只会对少数几个品牌形成深刻印象。

询问阶段是消费者在好奇心的驱使下主动通过网络、客服、亲友进一步了解品牌信息。在这个阶段，品牌必须获得其他人的认可，才会继续出现在消费者的消费体验路径上。

行动阶段是消费者进一步被产品信息说服，然后决定购买尝试。在这个阶段中，消费者在购买后通过消费、使用以及售后服务进一步与品牌互动。

最后是拥护阶段，消费者与品牌密切互动，发展出对品牌的强烈忠诚度，具体反映在顾客保留率、重复购买率上。消费者会在没有人询问的情况下主动推荐产品，成为品牌的“传教士”。

当下，私域流量广受关注，企业都在寻求高效运营私域流量的方法。私域流量的本质不是流量，而是用户的精细化运营。所以，企业要做的就是将用户沉淀下来，成为品牌的资产。

企业要以科学量化的形式，清晰量化用户与品牌间的关系，为品牌制定具有针对性、个性化的沟通策略，催化品牌与用户之间的关系递进，如图 1-3 所示。

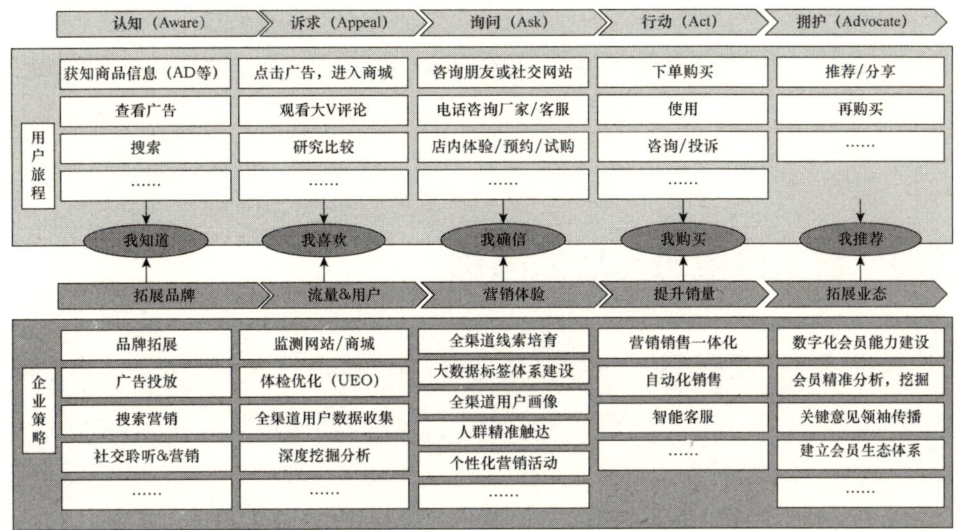

图1–3 用户体验路径各阶段的企业沟通策略

从拓展潜在用户到把机会用户沉淀为私域用户，再到收割私域用户以及再营销，5A 模型为品牌打造了营销闭环，帮助品牌积累用户资产，并不断激活用户行动，驱动业务增长。

1.2.3 GROW：价值评估模型

企业教练是当今最新的一种管理方式，处于飞速发展阶段。它不仅是人力资源管理，还是针对被教练者结合其现实的工作和生活，启发其找到努力之法的一种管理方式。

GROW 模型是教练技术中常用的工具之一，用于辅导他人，其目的是通过教练式引导或父母式的帮助，让被教练者自行找到答案并确定行动方案。

GROW 模型由四个步骤构成。第一是 G，即目标（Goal），教练通过一些启发式的问题帮助被辅导者找到自己真正的目标。第二是 R，即事实（Reality），教练帮助被教练者拓展思路，找到超出自己目前所见的内容和维度，发现更多的潜能。第三是 O，即选择（Option），由于被教练者在第二步看到了更大的可能性，从而探索到更多的方案，从中找到最好的解决方法。最后是 W，即行动（Wrap-up），教练采取更多方法激发被教练者去行动，并予以支持和检查，再次进行辅导，直到达到教练的目的。

1.3 营销模型进化经典案例

随着营销模型的进化，各企业的营销方式也发生了进化。例如，李佳琦的直播带货和 VIPKID 借力百度 N.E.X.T. 打通营销全链路是其中的经典案例。

1.3.1 李佳琦带货能力解析

很多女性消费者在购买美妆产品时都曾调侃过："天不怕，地不怕，只怕李佳琦'Oh my god'。"李佳琦曾 1 分钟销售 14000 支唇膏，5 个多小时带货 353 万元，甚至在卖货这一项上完胜了马云。即使是不怎么关注淘宝直播的淘宝用户，也都听说过李佳琦的业绩神话。"双十一"活动开始前，李佳琦登上热搜的频率和网络曝光程度几乎可以和一些明星相媲美。"口红一哥""敬业""带货王"等都是李佳琦的标签，他的一场直播有几百万元的交易额，一些本来名不见经传的美妆产品经他推荐就能瞬间成为爆款。

很多人都调侃过："只要李佳琦说一句'Oh my god'，我就知道自己该付款了。"由于李佳琦直播间的产品拥有较大的优惠力度和数量限制，有些消费者甚至成了其直播间的常客，准时蹲守直播开场。这种限制消费的形式造成了饥饿营销的效应，直接营造了"一件难求"的火爆氛围，为产品贴上了"不愁卖"的标签。

网络上 65% 的网友对李佳琦持正面认同的态度，这些人认同他的销售能力和推荐的专业性。但也有人持质疑态度，9% 的网友认为李佳琦已不仅是美妆博主，他直播间推荐的产品种类繁多，除了美妆产品，还有很多其他产品。其营业范围的扩大使这部分消费者对其专业性持怀疑的态度。

总体来说，李佳琦的带货能力还是得到了市场中大多数消费者的认同。在“双十一”之前，李佳琦直播间的产品推荐清单是很多人的购物参考标准。然而，李佳琦的直播究竟是如何让消费者产生付款冲动的呢？他强大的带货能力又是如何形成的呢？

（1）异性的赞同更容易接受

一些从没看过李佳琦直播的人会心存疑虑：男生推荐美妆产品，真能达到如此火爆的带货效果吗？美妆市场的消费者以女性为主，按照这样的背景，女性从事美妆行业的优势应该远大于男性。但李佳琦却反其道而行之，甚至比许多女性美妆博主做得更优秀。

在李佳琦的直播视频中，消费者常能听到“少女感满满”“涂上你就是贵妇”“这也太好看了吧”等话语。在介绍产品的同时，李佳琪还会插入夸奖，让消费者自动代入使用产品的体验和变化。女性更容易接受异性的推荐和夸奖，而对于直播间的消费者来说，李佳琦的意见就代表了异性的意见，如图 1-4 所示。

图1-4 李佳琦直播截图

百度搜索指数显示，搜索李佳琦的用户主要为 20 ~ 29 岁的女性。这与李佳琦直播间的消费者定位一致，这个阶段的女性熟悉互联网购物且有追求美的强烈意愿。李佳琦抓住了她们的消费心理，利用异性认同为她们树立了对产品的信心。

（2）亲自试用，让观众放心且安心

李佳琦在从事美妆直播前，从事过很多年的美妆品牌专柜工作。这使他积累了大量专业知识，对各种美妆产品都有一定的了解。这个工作经验还让他充分了解了女性消费者的各种特点，能够及时抓住受众的诉求，满足不同年龄层消费者的需求。

李佳琦前期在树立“口红一哥”的定位时，他每推荐一支口红都会亲自试用。这种方式让消费者能够放心使用产品，并且对产品的效果更信服。通过他的试色，消费者对产品色差、上唇后的效果都能有大致的了解。这种真实感也是消费者青睐李佳琦的原因之一。

（3）借势营销

李佳琦最著名的事件就是他曾创下的 30 秒涂口红最多人的吉尼斯世界纪录，以及在卖口红比赛中完胜马云。不管是吉尼斯世界纪录，还是阿里巴巴创始人马云，都是外界认可的事物和人，李佳琦借助其影响力成功提升了自己的知名度。

李佳琦的直播经常还会请一些明星做客，如杨幂、迪丽热巴、全智贤、Angelababy 等，将产品效果与这些明星相联系，让消费者产生一种只要购买了这款产品就能离自己的偶像更近的感觉。

现今，娱乐营销呈现多元化趋势，明星、网红、KOL（关键意见领袖）齐头并进，图文、直播、短视频各种媒介层出不穷，每个人都能拥有自己的粉丝，微博博主、KOL、网红、流量明星等都是明星。移动互联网的进化催生了消费场景的变革。比起传统的明星代言广告，现在的消费者更喜欢李佳琦、快手带货红人等品牌带货新势力。他们把"计划购买"变成了"实时购买"，选择、问询、种草、下单等步骤都可以在一个页面中完成，整个过程是一个完整的行为链条，而消费者被引导着逐步做出购买决策。

1.3.2 VIPKID 借力百度 N.E.X.T. 打通营销全链路

近几年，线上流量的红利逐渐达到瓶颈，教育行业线上用户增长缓慢，各大教育品牌开始争夺线上流量，使营销成本居高不下，而转化率却很低。于是，教育企业就向线下寻找新的流量入口。然而，线下投放无法精准定位目标人群，投放效果无法评估，许多企业又进一步陷入了营销困境。

面对这样的困境，教育品牌 VIPKID 与百度合作，推出了"N.E.X.T. 百度全链 AI 营销"新路径。百度商业垂类业务部总监汪牧远提到："2019 年，营销环境发生了很大的变迁。从用户对品牌认知初始到产生意图，最后完成购买或留资，在整个用户决策链上牢牢抓住用户心智和决策关键点进行营销，成了教育企业面临的营销难题。"VIPKID 就是利用"N.E.X.T. 百度全链 AI 营销"这个新路径，让营销的每一步都成为增长点。

VIPKID 作为少儿英语的知名线上品牌，在线上用户增长趋缓的大背景下，急需通过更加精准的投放激活目标用户，进一步巩固市场地位。但是，企业应该如何在线上流量饱和的情况下触及更多潜在用户，精准定位目标人群，激发用户需求呢？

VIPKID 借助 N.E.X.T. 中的营销数字引擎观星盘对用户进行深度洞察。特别是线下渠道，观星盘将 VIPKID 的目标用户定位为一线城市的高消费人群，由此将覆盖场景锁定在北京、上海、深圳、广州等城市的高档住宅区的宣传栏和电梯间，以及京沪地区户外商圈的大屏幕，从生活场景到出行场景全方位覆盖目标用户，如图 1–5 所示。

图1–5　VIPKID线下宣传广告

VIPKID 一方面借助百度 10 亿用户规模的优势，利用 IP 合作配合广告，实现全范围的曝光；另一方面利用原生 GD–CPT 精准投放，实现目标人群全覆盖。通过线上线下的整合，VIPKID 尽可能覆盖了目标用户的场景，有效激发了用户的需求。因此，用户的搜索量得到了显著提升。

前期线下用户场景的覆盖，加上线上的广告曝光，很多用户对 VIPKID 有了新的认知，从而激发了兴趣，主动搜索品牌。百度数据显示，2019 年“VIPKID”的搜索量增速为行业第一。

然而，如果很多用户在搜索之后不进一步了解，品牌就无法与其进一步沟通。为了给用户创造更多体验产品的机会，百度为 VIPKID 打造了一套“聚屏 + 品专 + 小程序”的营销组合，用产品组合为用户提供品牌体验池，进一步强化其购买意图。

百度原生、好看视频以视频广告的形式让家长快速感知 VIPKID 的产品亮点，弥补了产品太抽象、展示不到位的缺点。品专 MAX 将 VIPKID 品牌专区从常规模式提升至 Max 模式，霸屏宣传。智能小程序把 VIPKID 放在首页，提升流量抓取率，让更多用户能进入 VIPKID 的体验区。另外，小度在家帮助 VIPKID 进一步打通线下家庭场景，使品牌营销与线下消费相连，有效提升了用户购买率。这套营销组合使 VIPKID 品专 MAX 的点击通过率有了明显的提升，VIPKID 品专区的整体流量也增长明显。同时，品专 MAX 覆盖了更多的品牌内容，避免了用户的无效搜索，缩短了用户的决策路径。

教育行业普遍存在转化率低、消费者忠诚度不高的营销难点，如何让消费者更加忠诚于品牌，是 VIPKID 面临的另一个难题。在与百度合作的过程中，VIPKID 将海量少儿英语行业的文章通过秒懂百科等百家号产品精准输送给目标用户，从行业、品牌等角度加深用户对品牌的认知，提升用户的好感度，从而将用户沉淀为品牌的资产。

VIPKID 与百度的合作给更多教育企业的营销带来了启发，“N.E.X.T. 百度全链 AI 营销”完美地解决了教育行业面临的获客难题，小程序更是缩短了转化路径，让 VIPKID 营销的每一步都成了增长点。

第 2 章
PART 2

挖掘机会（Opportunity）：锁定可转化为5A人群的机会消费群体

现今企业大多被市场上眼花缭乱的营销方式牵着鼻子走，使营销浮于表面，不能达到有效的效果。如何开展营销活动，是当今企业急需解决的问题。

超过 7 成的消费者更认同口碑推荐，而促使用户分享产品的第一驱动力也是朋友的分享推荐。因此，企业营销应该更关注用户，挖掘机会，将机会消费者转化为 5A 人群，不断沉淀用户，使其成为企业资产。

2.1 链路营销路上的消费者进化

随着互联网营销越来越成熟，消费者也在不断进化。主要表现为消费行为更趋于理性，他们会从多渠道了解产品信息，而且不会轻易受到情感刺激的影响。另外，随着消费主体日益年轻化，消费者的消费行为模式也日益多样化。

2.1.1 多渠道了解产品信息

美国斯坦福大学提出“载体营销”这个概念，即“先进理念＋完美平台＋完善服务＋良好信誉＋优质产品＝巨大商机”。简单地讲，如果用户需要一台电脑，他可能会先去朋友圈或相关网站等渠道了解不同电脑品牌的相关信息，然后进行决策，最后通过某电商平台完成购买。在这个过程中，相关网站和电商平台就是载体，它可以帮助企业展示产品信息，并通过良好的信誉连接购买用户。

（1）官网

互联网诞生后，网站就成了企业和个人之间有效的沟通工具。对于企业来说，网站是一种新兴载体，它可以帮助品牌、产品开展宣传。随着百度等搜索引擎的出现，官网成了企业对外宣传的重要方式。

（2）微博和微信

官网是 PC 互联网时代的产物，微博和微信则是移动互联网时代的产物。微博月活跃用户达 3.4 亿人，而微信的月活跃用户达 8.89 亿人。背靠新浪、腾讯两大互联网巨头，微博和微信坐拥巨大的用户流量。

对于企业来说，流量巨大的平台自然蕴藏着巨大的商业价值，这也是微博、微信备受企业青睐的原因。这两个平台不但承担了企业产品宣传、品牌形象塑造的重任，甚至还可以对粉丝用户进行管理。和企业官网相比，微博、微信为用户提供了便捷的互动入口，而且运营人员也能快速地回复用户的问题，树立企业的正面形象。

例如，用户因为酒店的问题在微博上 @ 了美团官方微博，然后美团官方微博在用户发微博后 5 分钟之内便私信该用户，为其提供了解决方案。此后，美团官方微博一直关注用户的个人微博，并督促酒店方道歉。在这个过程中，企业与用户以微博为载体，实现了密切的沟通，避免了激化矛盾。另外，企业也树立了正面的品牌形象。这样一个载体在今后企业宣传中的地位也将越来越重要。

（3）第三方载体

新闻媒体、论坛等平台可以作为企业宣传的第三方载体，那么，它们和官网、微博、微信相比又有哪些区别呢？

首先，新闻媒体、论坛等平台不是企业直属，与企业官网和微博、微信的所属主体不同。其次，新闻媒体、论坛等平台的限制性因素较多，企业没有太多的发挥余地，例如，一些平台禁止企业直接打广告。最后，新闻媒体、论坛等平台无法直接展示产品，而且企业不能与用户产生互动。

第三方载体主要包括新闻媒体、论坛、博客、视频平台等，虽然这些平台相对于企业官网和微博、微信来说有一些限制，但它们也都曾经或现在对用户有着广泛的影响力。

- 新闻媒体

在纸媒盛行时期以及互联网初期，由于企业对外宣传渠道的限制，新闻媒体是企业主要的宣传渠道。现在，新闻媒体的队伍越来越庞大，垂直细分行业的媒体也逐渐增多，所以互联网媒体一度成为众多企业对外发声的渠道。

● 垂直类媒体

垂直类媒体是新闻媒体的一个细分属性，如果从行业角度细分，可以分为旅游业垂直媒体，如途牛旅游、去哪网等；电商业垂直媒体，如小红书等；母婴业垂直媒体，如宝宝树等。

● 论坛贴吧

在论坛最火爆的年代，天涯、猫扑一度成为论坛的代名词，很多行业的爆料都先通过论坛，然后在社交媒体上继续发酵，吸引人们持续关注。虽然因为微博、微信等社交平台的出现，论坛的关注量有所下降，但一些垂直类论坛仍有着非常庞大的用户群。因此，论坛也是企业不容忽视的宣传阵地。

● 自媒体平台

现今是移动互联网的主场，以头条号、百家号为代表的自媒体平台逐渐成为企业宣传的关注重点。很多企业管理者都对今日头条有特殊的喜好，他们每天转给下属的内容都来自今日头条。但是，今日头条已经逐渐完成了向三四线用户的下沉，内容质量也有所下降，那为何它还会受到众多企业管理者的喜爱呢？原因是今日头条采用智能推荐分发内容，它会推荐与用户阅读过的文章相似的文章，久而久之形成一种推荐机制。这样就提高了企业管理者获取信息的效率，自然会吸引他们长期使用。

企业可以将微信中每天发布的内容同步到自媒体平台，但要针对所在的自媒体平台对内容、标题等进行优化，这样可以切实有效地提高文章的阅读量。

● 视频直播

视频直播的内容主要分三类，第一类是以优酷、爱奇艺、腾讯等为代表的传统视频平台，第二类是以快手、秒拍等为代表的短视频平台，第三类是以斗鱼、虎牙、YY 等为代表的直播平台。这些渠道对宣传的内容、传播方式要求较高，企业也需要付出较高的成本。例如，借助多个网红进行直播推广一个大学生智力运动项目需要花费数十万元，这并不是中小企业可以承担的宣传费用，企业需要慎重抉择。

2.1.2　信息环境复杂化

是什么最终驱动了消费者的购买行为？是视频网站上的一个视频，或者是朋友在朋友圈上传的一张图片，又或者是在搜索引擎上的一次搜索，也可能是偶然在商业街看到的一条广告。现今的信息环境越来越复杂，购买路径越来越多，营销人员很难确定是哪个渠道真正推动了消费者购买。因此，各行各业的营销人员必须有效地分析各种广告渠道中获得的数据，阐释、理解和驱动相似的消费者行为。

纽约一家数字营销代理机构的消费者洞察总监卡里玛曾说："外部环境从未像现在这样复杂。"近几年，随着企业宣传渠道数量的迅速增长，为了更精确地描述消费者的购买过程，企业的营销人员需要理解不同渠道间的关系和影响。下面是营销人员理解跨渠道归因的具体步骤。

（1）定义清晰的目标

做跨渠道归因分析，最佳方法之一是从高层次开始，然后逐渐向下分解。在深入分析前，营销人员需要正确认识跨渠道归因具体要实现的目标。虽然这听起来是无比简单的一步，但很多企业都曾忽略过。所以，企业在做跨渠道归因分析之前需要清晰地列出目标，如"展示广告的有效性""了解电子邮件的有效性"或"描绘消费者的购买路径"。

（2）了解企业受众

如果营销人员想制定与消费者沟通的个性化方式，他们就需要知道能接触消费者的具体场景，然后在移动、社交、搜索、展示等多种渠道中开展营销活动，将预算重新分配给真正能驱动消费者购买行为的渠道。

许多营销人员没有意识到，自己在不同渠道接触的消费者可能是同一个人，以至于他们可能会向同一消费者投放太多广告而产生负面效果。如果营销人员能理解不同渠道中的消费者的行为，他们就能更有效地接触消费者，保证自己每次接触的都是不同的消费者，从而最有效地完成营销目标。

（3）动员所有人员

企业要想实现跨渠道归因，就需要整个组织的共同努力，而不是单独作为数据、广告或搜索团队的工作。因此，这个工作需要分析团队、营销副总裁或首席营销官共同管理。这样不仅能帮助企业管理者了解营销活动以及渠道的有效性，还可以了解消费者购买路径、营销活动成本以及将来潜在的投资。

（4）和自己的团队沟通

当组织开始进行跨渠道归因时，关键是把所有的合作方纳入合作。因此，开放式的沟通是关键。从建立目标到实现、管理和分析，跨渠道归因分析是一个长期的过程，至少需要 3 ～ 12 个月的时间。企业会在这期间收到大量的数据和信息，因此需要测量人员了解不同的信息源，如数据封装的地点、筛选方式、数据间的联系、分析方法等。

2.1.3 情感刺激起效甚微

很多企业都想通过营销策划刺激消费者的情感，以此影响消费者的决策，让消费者抛弃理性，用情感指引自己的消费决策。情感刺激物可以分为三类，分别是事件的结果、代表的行为和对象的外表。但是，随着购买渠道和商品的日益增多，消费者的消费观越来越理智，情感刺激对其影响越来越微弱。

（1）事件的结果

如果消费者意识到购买的结果是积极的，就会产生希望，进而做出购买决策。所以，很多销售人员都会尽力为消费者描述产品功效，以催生消费者的积极情绪，刺激其购买。而现在的消费者更注重产品的口碑，不会把销售人员的介绍作为参考。由此可见，这样的情感营销策略对消费者的影响在逐渐下降。

（2）代表的行为

消费者一般会把自己的行为作为衡量某种东西的标准，与其相关的情感就是骄傲和羞愧。如果一个人的行为比自己预期的要好，他就会感到骄傲；如果一个人的行为低于社会标准，他就会感到羞愧。例如，一个女孩会为自己获得平生第一瓶香水而骄傲，如果她发现香水包装里还有一个信息是“你买到了最好的”，这时她就会因为自尊心的提升而更骄傲。

但是，随着物质生活水平的提高，许多年轻人更注重产品质量，进而追求小众化、定制的产品。比起“大品牌”等标签，一些人更关注体验感，这就使“骄傲”的心理情感逐渐无法影响人们的购买决策。

（3）对象的外表

人是视觉的动物，一个产品的外表或属性可以直接引起消费者“喜爱”或“不喜爱”的内在反应。如果消费者对产品的评价是“喜爱”，那么其购买产品的可能性就会增加；相反，购买的可能性则会降低。

但是，这种情感营销的方式有很强的主观性，不会存在不偏不倚的看法。而且，即使针对产品受众的包装方式，也会有人不喜欢。另外，随着现在的消费者更注重体验感，如果产品不符合消费者的需求，那么消费者几乎不会选择回购。

2.1.4 年轻消费群体占据主舞台

《中国互联网消费生态大数据报告》显示，在数字经济的驱动下，消费全面升级，勾勒出一幅覆盖互联网全行业的年轻人消费图谱。年轻消费者在移动互联网时代的快速变迁中呈现出八大消费新趋势：原创消费、多元化内容付费、颜值经济、粉丝经济、宠物消费、社交圈子消费、租经济、懒人经济。

“80后”是我国互联网消费的中坚力量，但“90后”有迎头赶上的趋势，线上人均消费持续走高，二线及以下城市的青年群体消费潜力巨大。“90后”是互联网时代的原住民，这些年轻的消费群体不再有整齐划一的特征，无论是他们的职业观、生活观，还是消费观，都更加个性，表现出兴趣优先、注重体验、理性消费等特征，这些特征影响着互联网消费的未来走向。

成长于改革开放、物质小康、文化氛围开放的新时代环境下，“90后”的职业观、生活观、消费观都呈现出更加多元化的特征。例如，“90后”选择职业时更注重在职场中的自我实现以及满足自己的兴趣，这些因素都超过了赚钱这个传统因素。智联招聘上应届毕业生期望就业的行业分布中，互联网是呼声最高的行业。而相对于乐于追求稳定的“80后”来说，“90后”因为对工作不感兴趣、工作生活失衡而跳槽的人越来越多，所谓的“斜杠青年”也越来越多。“90后”是未来5～10年消费的中坚力量，而他们在旅行、娱乐、育儿等领域也呈现别具一格的消费态度。他们崇尚“说走就走”的旅行，喜欢去各种网红地点打卡，而且随心而动，从不做攻略。另外，50%的“90后”会受小说、影视剧的影响出游；“90后”是在线购票观影的主力军，能贡献将近57%的票房，并喜欢分享观影体验，近两年“90 后”观影评分渗透率从 24% 升至 66%；“90 后”是现场娱乐的主力军，酷爱演唱会，草莓音乐节的购票人群中“90 后”占比已超过 90%。

除了娱乐之外，生活压力也是“90 后”要逐渐面对的。但他们秉持开放的心态对待自己的心理压力，从不讳疾忌医，而是会主动在线上平台寻求帮助。数据显示，“90 后”是线上预约心理咨询占比最高的人群。

“90 后”在育儿方面也不同于父母一辈，他们更喜欢分享和互动，愿意在互联网上分享经验，寻求帮助。因此，“90 后”年轻家庭很少出现“丧偶式育儿”“诈尸式育儿”等传统家庭的问题，他们会更加相信有科学依据的育儿方式，会关注结构化的内容学习体系。

在消费层面，“90 后”更加理性成熟，会在消费之前考虑去哪里买、买什么、买的目的，还会在购买后做分享和比较。虽然他们有明显的超前消费意识，习惯信用消费，是线上消费分期付款的主要人群，但他们的信用消费有节制，90% 的“90 后”不会把花呗的额度用完。

和上一辈注重“贵就是好”的消费观念不同，“90 后”更注重品质，他们不盲从价格，也不刻意追求品牌。这种消费观念让他们能用有限的消费预算选择最适合自己的产品，使“淘宝心选”等去品牌化产品受到“90 后”的欢迎。

“90 后”也面对更大的世界，向全球探索寻找“新”的生活方式。天猫国际数据显示，“90 后”是跨境电商的主要消费人群，他们购买的品类也日趋丰富，数码、宠物、个护等品类的消费占比进一步提升。由此可见，“90 后”越来越注重提升生活品质。

在产品选择多样的当下，“90 后”更喜欢那些有个性、有设计感的原创品牌。他们大多有很强的学习欲望，希望不断提升自我，愿意为有价值的内容买单。

“90 后”对“美”也有极致的追求，以颜值为切入点的商品有了更大的市场。从护肤到健身，颜值经济下各个领域的产品与服务均有所升级。CBNData 大数据显示，“90 后”是线上美妆消费的主力人群，超越了“80 后”，而且不限于平价品牌，还涉及“贵妇品牌”，人均消费以两位数的趋势提升。

年轻消费者愿意为明星效应支付溢价，使粉丝经济不断升温。“90 后”尤其喜欢购买明星同款，其中女性贡献了 3/4 的消费。企业纷纷顺应趋势，推出明星合作款，其中以休闲鞋、跑步鞋和运动 T 恤等最常见。

作为独生子女的“90 后”，对情感的诉求推动了宠物经济的发展。“90 后”在宠物产品上的消费增速几乎是其他所有人群的两倍，包括猫粮、狗粮、宠物玩具等各个方面，可见撸猫、撸狗已经成为潮流。

除此之外，“90 后”的消费习惯还催生了更多公司推出针对“90 后”的服务，由此形成一个良性的商业闭环，“智能科技 + 互联网”将是未来市场的发展方向。

2.2 挖掘机会人群

找到用户的差异化需求，才能发掘机会人群，沉淀用户，让用户成为企业资产。而挖掘机会人群要以科学的方法为依托，其中常用的方法主要有策略分析和数据分析两种。

2.2.1 以策略分析为方法

上面介绍了什么是人群，以及人群动态变化的特点，下面介绍如何用策略分析的方法找出机会人群。

（1）找到各维度人群和各领域需求的交集

有些领域的需求，尤其普遍领域的需求是每个人都需要的，只是满足的方式不同而已。因此，一个需求在一个人群中成立，那么就可以通过改造的方式去满足其他人群。

例如，保险是比较大众型的需求，但是面对不同的人群就要用不同的方式去满足他们。一二线城市收入较高的人群一般会选择保费较高、保额较大的保险项目。而一般工薪阶层的主要需求是社保，他们大多会选择医疗、养老这类与日常生活相关的保险项目。还有农村人群，这类人群的保险意识相对缺乏，他们最大的需求一般是医疗保险等项目。

除此之外，还有针对更细分人群的保险项目，如滴滴代驾司机的保险、飞机乘客的意外险、美团外卖用户的延误险等。

一些学习型产品的用户需求也可以进行改造。例如，很多人都有学习英语的需求，于是就有了针对工作人群学习商务英语的美联，针对大中学生应对英语考试的百词斩、扇贝、新东方，还有针对小朋友英语启蒙的 VIPKID。

（2）将需求从 1 到 100 地进行细分

新产品刚出现时，其基础功能是为了满足所有用户的基础需求。但是，随着时间的推移，用户大量增长，不同的人群开始衍生差异化的需求，此时则需要细分产品去满足这些需求。

淘宝最初的功能是为了满足大部分用户网购的需求，但在发展中出现了假货、质量低等问题。京东便针对这个缺点，以保证正品和快速送达为卖点，前期转化了大量的一二线城市用户。然后，唯品会便通过大牌尾货低价清仓的模式满足了对品牌有认知但时尚感不足的人群的需求，受到了三四线城市人群的欢迎。网易严选通过和一线品牌的代工厂合作，生产质量相同但剔除了品牌溢价的商品，成功俘获了一二线城市年轻白领的心。现在，拼多多等拼团电商又以高性价比的方式，利用微信裂变吸收下沉人群。

（3）跟随人群变化找到新增机会

人群动态变化的特点是寻找机会人群的重要参考。例如，围绕近几年的新兴人群出现了各类商业和服务模式，如自媒体、电竞、宠物、直播等。围绕自媒体衍生了为自媒体提供数据服务、社群工具的公司，这些公司随着自媒体的发展都取得了不错的业绩。电竞行业逐渐正名并在年轻人群中兴起后，围绕其出现的一些直播、赛事、周边、IP 文创等项目也如雨后春笋般涌出。随着近两年身边养宠物的人增多，围绕宠物的用品、食物、医疗、护理等行业也在快速增长。各大直播软件的出现带动了主播行业的发展，围绕主播行业的主播、经纪公司、电商转化、流量运营等网红经济的新玩法也开始受到各大企业的青睐。

2.2.2 以数据分析为指导

广告的精准投放、社会安全管理、医疗智能化等都存在大数据的踪影，所以，企业寻找机会人群也可以以数据分析为指导。麦肯锡定义的大数据为“一种规模大到在获取、存储、管理、分析方面大大超出了传统数据库软件工具能力范围的数据集合，具有海量的数据规模、快速的数据流转、多样的数据类型和价值密度低四大特征”。因此，数据分析就是将获取的数据整合，找出其中的规律，最终得出决策信息。

（1）数据获取

数据源可分为一方数据、二方数据、三方数据三类，如图 2-1 所示。一方数据是指用户的事实数据，如用户购买产品登记的单位、姓名、电话等，或者线上产品的运营数据。二方数据是指广告投放数据，如广告展示量、活动页点击量等。三方数据是指行业数据，也叫公开数据，如某互联网公司用户在此网站的行为数据等。

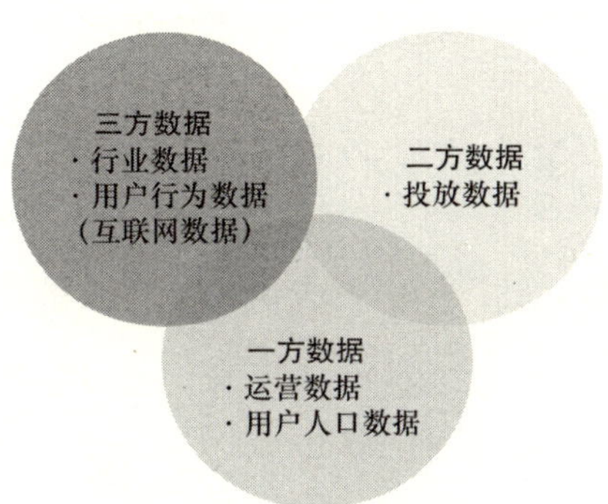

图2-1　大数据的数据源

（2）打通

打通就是利用关键点整合一、二、三方数据。例如，企业可以通过手机号整合一、三方数据，或利用 cookie 和 IMEI 号整合二、三方数据。打通数据之后就是寻找数据之间的规律，这一步的目标是数据清理，将非结构化数据变为结构化数据，以方便进行统计。最后就是将数据系统化或产品化，得出决策信息。

大数据的特点就是杂乱无章，而数据分析就是从中寻找规律，分析内容和目标是否能对应。大数据分析通常采用数据报表来反映企业的状况，同时用数据分析报告提炼的观点来指导运营。那么，如何用数据分析来指导决策呢？

（1）市场分析

市场分析一般是定性、定量分析。以移动互联网市场的数据分析为例，数据源一般是公开数据，而市场分析的作用是对企业市场营销效果的总结。

例如，某金融公司的 KPI 是为了获客，于是他们做了一系列营销活动，然后比对此款应用较上个月的安装量，以及其他竞争产品的表现。这些都需要通过市场分析来观测，但这部分的观点一般都是市场数据，企业只能通过搜寻官网活动或互联网广告来推测竞争对手的排名上升是否与其进行的营销活动有关。

（2）运营分析

运营分析是企业的基础，但运营人员和市场人员需要根据自己的数据做出合理的决定。而运营的数据只是作为参考，如果需要具体的运营分析，就需要进行特定细节的分析。例如，软件是否改版或增加哪家渠道合作等。运营分析的具体方法，如图 2-2 所示。

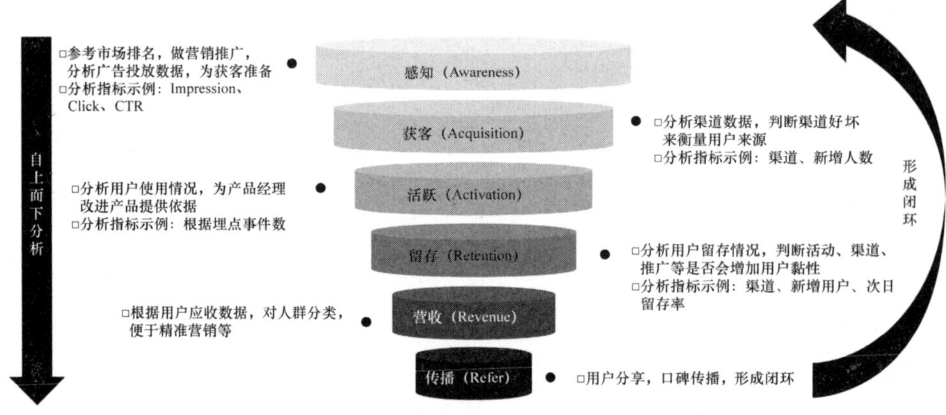

图2-2　运营分析方法

① 感知

根据广告投放数据，可以判断渠道广告页对产品引流情况的影响。但是，广告数据一般在广告监测公司手里。因此，企业需要依靠广告公司设计营销环节，如活动页等便于监测广告的表现。

感知数据的目的是衡量营销投放的钱花得对不对，广告的展示量、点击量等都是衡量一家公司的广告市场部门绩效的指标。没有广告投放，就没有获客。只有钱花得值，带来的客人多，才能进行下一步的分析。

② 获客

获客是广告投放的拓展，用户是否在点击广告后下载 App，是广告公司或应用商店提供不了的数据。因此，获客的目的有三个：一是判断提供的数据是否准确，二是判断传播渠道的好坏，三是判断营销活动是否有作用，如图 2–3 所示。

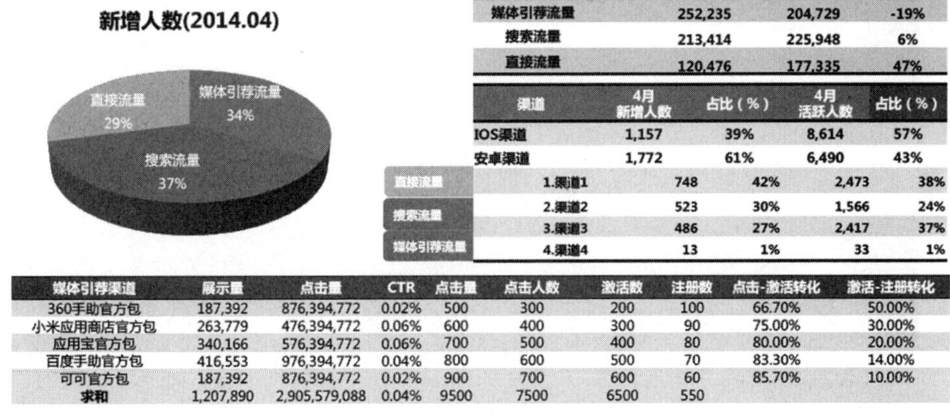

流量来源	新增人数(2014.03)	新增人数(2014.04)	变化率
媒体引荐流量	252,235	204,729	-19%
搜索流量	213,414	225,948	6%
直接流量	120,476	177,335	47%

	渠道	4月 新增人数	占比（%）	4月 活跃人数	占比（%）
	IOS渠道	1,157	39%	8,614	57%
	安卓渠道	1,772	61%	6,490	43%
直接流量	1.渠道1	748	42%	2,473	38%
搜索流量	2.渠道2	523	30%	1,566	24%
	3.渠道3	486	27%	2,417	37%
媒体引荐流量	4.渠道4	13	1%	33	1%

媒体引荐渠道	展示量	点击量	CTR	点击量	点击人数	激活数	注册数	点击-激活转化	激活-注册转化
360手助官方包	187,392	876,394,772	0.02%	500	300	200	100	66.70%	50.00%
小米应用商店官方包	263,779	476,394,772	0.06%	600	400	300	90	75.00%	30.00%
应用宝官方包	340,166	576,394,772	0.06%	700	500	400	80	80.00%	20.00%
百度手助官方包	416,553	976,394,772	0.04%	800	600	500	70	83.30%	14.00%
可可官方包	187,392	876,394,772	0.02%	900	700	600	60	85.70%	10.00%
求和	1,207,890	2,905,579,088	0.04%	9500	7500	6500	550		

图2–3　获客数据

如图 2–3 所示，在媒体引荐渠道中，企业可以通过用户在不同渠道的转化率判断是否与某应用商店增加合作。

③ 活跃

获客后，企业想看到新增、活跃用户的表现，就需要进行活跃用户分析。活跃用户分析有以下两个步骤。

第一，从页面浏览次数以及独立访问人数来进行主要页面分析，如图 2–4 所示。

表1 页面浏览次数与独立访客人数

页面	IOS		安卓	
	浏览次数（万次）	独立访客（万次）	浏览次数（万次）	独立访客（万次）
首页	62	12	70	15
理财	4	1	7	2
生活	2	1	9	2
助手	4	2	4	1
我的	22	5	50	9
右滑头像	21	5	48	7

表2. 事件数总览

页面	安卓（万次）	IOS（万次）
首页	65	72
理财	3	5
生活	1	9
助手	3	4
我的	25	51
右滑头像	20	45

表3. 人均点击次数

页面	点击量（万次）	点击量占比	人均点击次数
首页	166	39.1%	5.87
理财	22	5.3%	3.25
生活	13	3.2%	3.18
助手	22	5.3%	3.38
我的	135	31.9%	6.44
右滑头像	65	15.3%	5.63

图2-4　页面浏览次数与独立访问人数分析

如图 2-4 所示，这款 App 无论是页面浏览次数还是独立访问人数都是首页比较高，所以企业需要重点分析首页。

第二，根据锁定的页面制作点击热力图，便于产品经理对后续页面进行改造，保留点击量高的按钮，删除点击量低的按钮。

④ 留存分析

当用户积累到一定数量后，企业就需要进行留存分析，一般是用于衡量营销活动的效果，看用户在活动过后是否依然会使用 App。这些留下来的用户能为企业贡献多少现金呢？这时需要企业进行收益分析，通过分析用户贡献的流水金额数据来划分使用人群。

⑤ 传播

企业想让用户主动传播，即用户自发地把产品发到朋友圈或推荐给朋友。但是，这个传播环节会受到许多限制。例如，不设置奖励机制的口碑营销几乎没有效果。另外，如果要衡量传播效果也比较困难，特别是用户基数庞大的企业。

（3）用户分析

大数据分析的核心是用户分析，即在所收集的数据范围内打通数据与用户，进行精准营销。

第一，企业可以设置筛选的条件列表，通过对符合这些标签条件的数据进行整合，目的是刻画用户、制定营销策略。设置的条件越多，用户轮廓就越清晰，筛选出的人群就越少。

第二，企业根据筛选的人群进行线上统计或建模分析。例如，根据筛选的人群，企业发现男性用户多于女性用户，那么企业就可以根据这个特点将产品设计得更符合男性用户的使用习惯，以此增强他们的黏性。

第三，根据以上两步的数据分析形成人群画像。例如，某类游戏的用户属性是兴趣广泛、有出差需求的年轻男性，那么，企业就可以针对这个画像推出偏重男性的营销方式，并且推出针对出差人群的优惠活动。这样才能尽可能地把这些机会用户转化为沉淀用户，让他们离不开企业的产品，最终成为企业资产。

2.3 数据分析模型和规则

近几年，大数据在数量、速度、多样性等方面都呈现不断增长的复杂性。因此，数据分析模型和规则的应用也越来越广泛。企业要想科学地挖掘机会人群，就必须建立自己的数据分析模型。

2.3.1 塔吉特超市的精准预测

《纽约时报》曾刊登过一则新闻，让人们充分认识到了大数据分析的威力。这则新闻的内容是位于美国阿波利斯市的塔吉特超市不停地向一名高中女生邮寄婴儿尿布样品和配方奶粉的折扣券，这让该高中女生的父亲感到很生气，于是找到了塔吉特超市的经理，质问他们是不是工作出现了失误。这位父亲不断地向超市经理发泄自己的不满 ：“你们是在鼓励我女儿怀孕吗？”超市经理只得不断地向女孩的父亲道歉。最后因为超市方面道歉的态度良好，这场风波才得以化解。几天后，超市又一次给女生寄送了母婴用品的折扣券，超市经理只得再次打电话向这位父亲致歉。然而，这一次这位父亲的语气却非常平和，他反过来向超市经理道歉，说他的女儿确实怀孕了，预产期也即将来临。

这是一个零售商运用大数据进行营销的故事。《纽约时报》报道后，这则新闻迅速占领了各大网站的头条。

塔吉特超市是如何做出这么神奇的预测的呢？原因是塔吉特超市建设了一个庞大的用户信息数据系统，并且拥有一个十分强大的数据分析团队。根据塔吉特超市建立的用户数据模型，当用户的购买记录与准妈妈的购买记录非常相似时，系统就会对用户做出“已经怀孕”的预测，并根据不同时期所购买的物品来预测其处于孕期的哪一个阶段。

塔吉特超市根据用户孕期的不同阶段为准妈妈们提供相应的护理产品并送出优惠券，这也解释了新闻中的女高中生为什么会频繁收到尿布样品的疑问。

不仅如此，塔吉特超市还为上百万用户建立了专属档案，每个档案对应唯一的 ID 号，就像用户在塔吉特超市的“身份证号码”。当用户使用第三方工具访问网站、使用信用卡、填写调查问卷、邮寄退货单、打客服电话、开启广告邮件时，这些行为都会被记录到用户的 ID 号内。同时，这个 ID 号还会继续利用大数据获取用户的年龄、是否已婚、是否有子女、所住市区、住址离塔吉特超市的车程、工资情况、最近是否搬过家、信用卡情况、喜爱访问的网址等信息。此外，塔吉特超市还会通过其他方式获取用户的其他信息，包括种族、就业史、喜欢读的杂志、破产记录、婚姻史、购房记录、求学记录及阅读习惯等。

这些或静态或动态的信息帮助塔吉特超市为每一位用户建立了无比精准的画像，从而使塔吉特超市能准确预测用户下一步的需求。这一优势在很大程度上促进了用户的二次消费，提高了他们成为塔吉特超市忠实用户的概率。

2.3.2　塔吉特超市的 3W 数据分析模型

塔吉特超市的案例说明了大数据可以非常精准地锁定甚至预测用户的下一个消费行为，这让企业在挖掘机会用户时多了一个利器。以下是对大数据三方面优势的细节性解释。

（1）大数据能精准锁定目标人群

传统营销由于技术手段的限制只能以人口统计学特性来概括目标消费者，如消费习惯、消费心理、消费偏好等。而大数据可以为企业精准锁定目标用户群体，因为大数据几乎能判断每一个用户个体的属性。

一些企业利用大数据建模技术，对收集到的海量用户数据信息按属性、兴趣、购买行为等维度进行细分，很容易就挖掘到机会用户。如此一来，企业就可以精准营销。例如，移动 DSP 就通过标签划分，分析用户的个性化需求，为用户提供个性化的产品和服务，实现了更精准的广告营销。

（2）大数据能实时优化传播渠道

为了更好地利用媒体资源，使企业营销的传播效果最优化，企业经常需要跨媒介传播。然而，营销预算分配是一件很麻烦的事情，此时大数据就是最好的决策参考。通过海量用户数据分析，企业可以调整在各个营销渠道的投放比例，获取最优的广告投放组合。

企业可以收集用户的互联网浏览数据，并据此找出用户来源广、转化率高的营销渠道，从而调整营销资源在各个渠道的投放比例。例如，东风日产在线上宣传的过程中对用户来源进行追踪，通过数据分析改进了营销资源在各个网络渠道的投放比例，从而提高了宣传效果。

一些企业将线上的用户数据与线下的用户数据打通，实现了线上与线下营销渠道的闭环。这种线上线下协同营销的方式为企业提供用户线索，使线上客服人员可以利用用户数据对用户进行访问，从而推动线下交易。在此过程中，企业记录了用户进入、点击、浏览、注册、电话回访和购买等各个环节的数据，实现了以大数据为基础的全渠道营销，建立了闭环营销通路。

（3）大数据能实时反馈效果

大数据是一种动态的、实时的分析引擎。企业在营销过程中，根据产生的实时数据可以找到目标受众最集中的时间点以及反映最好的营销内容，然后针对这些信息及时对营销策略做出判断和调整。

大数据可以精准地评估每一次的营销效果，这使以往企业对“我不知道投入的营销成本浪费的是哪一半”的担心不复存在。企业可以通过精准的数据将营销过程中的每一步和以往常被忽略的营销机会和策略都呈现出来。

在传统营销中，企业通过对效果进行事后调查来获取用户的反馈信息，但这种方式的即时性很差。而在大数据时代，企业获得营销反馈数据的时间与用户反馈的时间几乎是同步的，而且内容更详尽，还具有跟踪性，这为营销策略的优化提供了巨大的价值。

第3章 PART 3

触发感知（Awareness）：提高品牌知名度，引发用户关注

许多企业在经营过程中常会发现，用户的增长会随着时间逐渐放缓，而复购的用户也越来越少，使盈利逐渐下降。这些现象都是由品牌知名度低造成的。

随着市场竞争的不断加剧，品牌知名度受到影响。打造品牌知名度是一个长期的过程，但对于一些新企业、新品牌来说却又需要在短时间内提高品牌知名度。这时就需要触发用户的感知，引发他们的广泛关注。

3.1 链路营销的用户外部触发渠道

触发用户的感知分为外部触发和内部触发两种方法。其中，外部触发是指通过外部渠道如投放广告、运营社群、娱乐化营销等方式来引发用户的关注，以此打响品牌的知名度。

3.1.1 投放渠道

目前，市面上的信息流平台多达上百种。那么，企业应该选择哪些投放渠道才能达到最好的宣传效果呢？企业需要先了解各大信息流渠道的分类及其特性，从而有针对性地投放广告、策划广告内容、设置转化点。

（1）腾讯相关产品

腾讯是社交行业的龙头公司，成立时间早，凭借 QQ 和微信占据了大部分流量，基本可以覆盖全网用户。其主要投放平台有腾讯新闻、微信朋友圈、微信公众号、腾讯网及腾讯视频等。这些平台的用户群体广泛、覆盖面广，且日常活跃性高、黏性大，最适合品牌宣传。另外，新闻资讯类平台的信息资源丰富，目标用户定位精准。工业或生活类产品最适合在这些平台投放广告，特别是使用软广式植入的方式更能让用户接受。

（2）微博

微博的用户群体活跃，而且偏年轻化，容易受舆论影响。微博的移动端日活跃用户占比达 91%，而且能以博文、视频、图文等多种形式发布。微博“粉丝通”基于微博的用户属性和社交关系，可以精准地将内容传递给粉丝和潜在粉丝。生活类、地区类、游戏等特色产品最适合在微博上投放广告。

（3）新浪扶翼

新浪扶翼是以数据洞察、程序化购买为基础的精准广告投放平台。新浪用户群体比较集中，其中受教育程度高的男性用户偏多。新浪扶翼有数百个资源位，覆盖多个核心优质资源，每日曝光量达 6 亿次。基于“男性用户多”这个特点，股票、游戏、汽车等内容适合在这个平台投放。

（4）抖音

抖音在产品推送上实现了千人千面的效果，特别是针对新注册用户会推送 10 ～ 20 条不同的视频内容，然后根据用户观看视频的次数记录其行为，不断给其定义标签。抖音的日活跃用户达 5 亿人，可见其曝光量之大。而且，抖音对新品牌的认知度也比较好，很多新品牌都是在抖音走红的。

抖音的投放成本偏高，而且对素材质量有很高的要求。因此，游戏、App、电商等泛流量产品最适合投放在抖音平台上。

（5）知乎

知乎的用户群体偏向年轻化、白领、高学历，而且集中在消费能力偏高的一二线城市。知乎的广告位分布在推荐页、问题页、回答页、关注页 4 个板块。同时，知乎的流量质量高，用户都较为理性。因此，房产家居、金融、教育培训、旅游等行业可在知乎上投放广告。

（6）百度信息流

百度是搜索引擎的巨头之一，其各大平台资讯中都可以看见原生广告。百度的主要产品有百度贴吧、百度手机浏览器等，它可以利用关键词定向检索，没有特殊行业投放的限制，企业可以根据用户兴趣进行划分投放。

（7）今日头条

今日头条是一款基于数据的推荐引擎产品，是我国互联网成长最快的产品之一，也是目前资讯类信息流广告投放的最大平台。其用户群体广泛，集中在二三线城市。

今日头条的算法成熟，支持关键词定向，可以快速锁定目标用户，10 秒更新用户模型，精准投放广告。理财、生活、游戏、App 等产品都可以根据今日头条的导航栏分类进行投放。

（8）UC 头条

UC 头条主打基于大数据分析用户兴趣标签的广告投放模式。一方面，阿里巴巴提供的专业广告后台和服务支持，可以更精准有效地将信息推向全球 UC 浏览器的用户；另一方面，UC 头条的导航分类可以帮助企业进行有针对性的广告投放。

（9）论坛、社区推广

论坛、社区是常用的免费推广渠道，推广形式包括跟帖、发帖、回答问题等。其中，优质的论坛可以重点投入，如贴吧、虎扑、天涯、豆瓣等综合性论坛。

此外，垂直论坛和社区是精准用户的聚集地，但这些平台的用户对广告会更加敏感，因此适合做测评或经验分享类的软推广。这样可以通过直接交流接触，了解行业重度用户的新需求。

3.1.2 社群渠道

随着社群营销的升级，社群的概念经历了从出现到成功实践，从最初的连接工具到社群渠道化的过程，社群将是线下打通线上的利器。社群是基于人的天然的社交和群聚属性，让线下社交在线化，使社交变得更高效。现在人们的时间越发宝贵，用于社交的时间也不似以往那么多，由此社群便很好地解决了这个问题。但是，社群也随着各种技术的发展逐步升级，企业运营社群并不是一劳永逸的事，需要实现社群渠道化或渠道社群化。

社群渠道化与“互联网 +”的原理类似，如果要运作一个新品牌，企业就要先想尽办法来抢占用户认知高地，引爆公众情绪，最终形成消费群体。如果要推广一款已有一些市场的产品，企业就需要在原有渠道的基础上利用社群连接打通网络空间，实现线上、线下一体化。

例如，汤家老坊是一个中高端酱酒品牌，但其既没有传统渠道的基础，也不是知名的新兴品牌。这个品牌预判了未来酱酒的发展趋势，借助社群经济的红利，先把用户发展为粉丝，再通过粉丝建立组织，最终打通了全渠道粉丝链，实现了 3000 万瓶的年销量。

从上述案例可以看出，实现社群渠道化很重要。如果不能实现社群渠道化，就很难将社群的价值放大，甚至多次放大。企业在运营社群时，切忌将平台运作成微商式卖货的割韭菜平台，这样很容易失去粉丝的信任，使社群无法建立基础的连接。

如今的营销反复强调三度空间，即线下、社群和网络空间。但是，大部分企业还在做传统渠道或网络空间，即一度空间，如淘宝等。有些企业如拼多多、三只松鼠及一些社群平台已经做到了二度空间。

目前，企业无论是做一度空间，还是做二度空间，都遇到了流量分散的问题。这个问题是由用户被三个空间分化造成的。所以，企业在运作市场时，既要占领线下空间，又要在社群中留住用户，还要占领用户的心智，即打通网络空间。这是一个逐渐放大的过程，也是产品推广的普遍规律，基本就是兴起于小众，然后在圈层引爆，最后在大众中流行。

建立“线下”用户的入口，可以提升产品体验并建立口碑。但是，因为时间和空间的限制，这无法实现像社群一样数量和效率的双重价值，只能解决一部分人的认知问题。

社群的优势是精准定位用户，但是需要企业与用户在线下建立关系为基础，社群则是将这种关系再次深化。虽然相对于线下，社群获取的粉丝数量有所增加，但许多平台的社群都有人数限制，而且人数越多，管理难度越大。因此，社群只是扩大了线下空间的社交范围，并没有实现用户数量的规模化。

因为网络空间是虚拟空间，它可以进一步为线下空间和社群赋能，让品牌的用户通过三个空间的交互链条正向循环，多次扩散，最后构建用户交互链。

那么，如何打通线下、社群和网络空间呢？

第一步是打通线下。如今的"线下"并不只是指原来的传统渠道，它已经逐渐被互联网化了。因此，打通线下不是只关注线下店铺的销量，还要综合分析定位、产品、渠道、推广、场景、促销、销售、关系等各方面的信息。

第一是定位。互联网时代，企业不能只盯着竞争对手的产品，还要重新定义产品的价值。第二是产品。现在的产品应该由用户定义，而不是由企业主导。企业主导的结果是企业自以为产品有优势，但并不符合用户的需求。所以，新时代的产品要先有用户，如卫龙辣条等。第三是渠道。现在的渠道不再只是货的场所，而是高效连接消费者的场所。第四是推广。企业要尽可能引起潜在用户的关注，并促使其进行体验。第五是场景。用户在体验后会对产品产生认知，企业要将这种情感引到对企业有利的一面。第六是促销。让用户觉得产品划算，是促使其买单的最大因素。第七是销售。销售不是卖东西这么简单，而是要关注用户的重复购买率。第八是关系。企业与每个用户达成交易就相当于建立一个系统，只有形成利益共同体，才能提高产品的传播率。

第二步是打通社群。社群运营的核心是实现连接、放大的作用，企业可以先列人际关系清单，定位关键人群，结合体验进行产品推广，然后建立社群增加用户对产品的信心，并给予用户福利，增强其黏性。另外，企业要不断活跃社群气氛，引导用户自主为社群宣传，最终形成粉丝效应。

第三步是打通网络空间。网络空间是用户、线下、社群的连接线，企业可以通过打通网络空间实现全域营销。

3.1.3　娱乐化营销

娱乐化营销就是借助娱乐元素建立产品与用户的联系，增加用户的忠诚度。娱乐化营销虽有不错的营销效果，但是盲目推行也会给企业带来风险。很多企业没有抓住娱乐化营销的核心，以至于无法实现预期的效果。

江小白是一款没有背景的新锐品牌，但是在持续低迷的白酒市场推出仅几年却有了远超国内老牌白酒的销售额。那么，这个年轻的白酒品牌江小白是如何用娱乐化营销俘获消费者的呢?

娱乐化营销的四大核心是创新性、参与性、整合性及个性化。

（1）创新性

娱乐化营销在主题上要有创新性与新闻效应，才能最快地吸引大众的注意。同时，企业要立足于自身的资源及优势，通过不断创新用户体验来吸引大众注意。

江小白对白酒消费的理解不同于传统白酒，它认为酒在本质上是精神文化产品。因此，在营销策划过程中，江小白把重点放在消费者的精神文化层面与其沟通互动，而不是强调“老窖”“陈酿”之类的传统定位。

江小白推出的主题产品无论是表白瓶，还是十二星座瓶，都离不开“娱乐”的元素。而且，江小白强调创新性，高度结合时代流行文化，注重与消费者的精神互动，使其下意识地产生分享的冲动。

（2）参与性

企业作为营销主体，要想进行娱乐化营销，就先要树立起全员娱乐化的理念。而且，参与的人数越多，企业就越有希望获得潜在的用户群，营销效果也越好。

江小白基本不在传统新闻媒体平台做广告，而是将重点放在新媒体上或开展深受年轻人欢迎的互动活动。例如，将俏皮的文案投放在年轻人常出现的场所，与深受“80后”“90后”喜爱的影视剧合作，让消费者参与产品的制作，等等。

（3）整合性

企业开展娱乐化营销，需要整合娱乐元素。江小白通过影视广告、新媒体等方式提高产品的曝光率，运用多种方式不断地制造和挖掘娱乐元素，全方位地整合传播。例如，与同道大叔合作推出的十二星座瓶，在北京、上海、广州等城市举办的嘻哈文化音乐节，联合张晏铭打造的城市MV《你好，重庆》，等等。

（4）个性化

在同质化严重的市场环境中，传统营销方式已经很难吸引消费者的注意了。江小白的娱乐化营销在体验设计上下足了功夫，品牌主要定位在小众市场，通过产品创新表达品牌独特的文化，打出一张针对新锐、叛逆、文艺的年轻人的感情牌，塑造年轻化的酒品牌形象。对于消费者的心理，江小白一直保持高度敏感性，密切关注社会潮流变化以及热点事件等。

产品包装的拟人化就是江小白的一个颠覆性创意。江小白把产品打造成一个在大城市打拼、气质忧郁且幽默诙谐的文艺青年，诉说着自己的喜怒哀乐，直接与消费者沟通互动。

江小白的成功表明企业在进行娱乐化营销时应把握目标受众的需求，用创新的娱乐方式满足大众，引导消费者积极参与，最终引爆传播链条。

移动互联网时代，娱乐化营销的最大优势是互动性高和传播速度快。娱乐化营销实质上是一种感性营销，不是说服用户购买，而是让用户产生共鸣后自发购买。这种符合我们传统思维的软广告更容易让消费者接受，也更容易实现营销效果。

3.2　链路营销的用户内部触发渠道

内部触发是指通过内部渠道，如唤起用户自身的欲望或用户潜在的感知，让其从心里认同产品，产生归属感，进而顺其自然地购买产品，成为忠实用户。

3.2.1　探索用户欲望

很多人做生意都是按照卖产品、卖服务，然后赚取差价的思路。这种思路会导致企业一直与竞争对手拼价格，市场看似很热闹，但是企业盈利却很微弱。现在，不管是拉流量，还是卖产品，本质都是与用户达成交易。而用户为什么要购买产品呢？原因就是产品满足了他的需求。同时，这也是营销的本质。

例如，一个农民家里养的牛跑出了牛栏，家里的老太太觉得自己无能为力，只能在家等着牛自己回来。后来，农民和他的儿子顺着牛的脚印找到了牛。父子俩用尽了办法，不管是推，还是拉，牛都不为所动。而农民的小孙女却用一根竹竿绑着一把青草轻松把牛引回了牛栏。

这个故事表现了营销的三种人群。

第一种是“坐桩派”。这种人就像故事中的老太太一样等着用户上门，任由用户按照心意自主地选择，以一种听天由命的心态做生意，生意不好只能归罪于市场的低谷期。

第二种是“推销派”。这种人就像故事中的农民和儿子，他们会利用一切手段推销自己的产品。面对用户，他们热情洋溢、死缠烂打、生拉硬拽地催促用户买单。这种方法是很多企业都会用到的，但很容易“用力过度”。不管是成本过高，还是引起用户的厌烦，最后的结果都是事倍功半。

第三种是“控心派”。这种人就像故事中的小孙女，用一把青草满足了牛想吃草的欲望。所以，牛是自愿跟小孙女走的。这种营销方法既不是听天由命，也不是主动推销，而是探索用户的欲望，让其主动上门。

找准用户的需求是让产品产生吸引力的核心，而任何用户购买产品的需求无非都产生于欲望或痛点。

（1）欲望

一般人购买产品都是为了过上自己想要的生活。例如，一个女人买衣服，她的欲望是让自己显得更年轻漂亮。所以，对于用户来说，衣服面料好、做工好、性价比高，这些都不重要，因为只有衣服穿上“好看”，用户才会购买。

女人之所以会频繁购买衣服，是因为女人“爱漂亮”的欲望永远不会满足。而现在衣服的款式同质化严重，无法满足女人们的个性化需求。这就是许多服装品牌收益不高的主要原因，他们的营销思路从一开始就是错的。

虽然产品的功能再厉害，服务再好，但是产品本身与用户需求实际上没有关系。所以，如果产品只是用自吹自擂的广告去吸引用户，并不能达到最好的营销效果。企业只有将产品特性与用户欲望相结合，才能让产品成为“爆款”。

大部分企业都是看到什么赚钱就做什么，这样其实很被动。因为市场中的企业都知道用户的欲望，所有人都在抢同一群用户，竞争自然会很激烈。但是，如果企业能发现人们的某个潜藏欲望，针对这个欲望开发一款产品，就能开辟一片新兴市场。

（2）痛点

每个人都是不完美的，不管他是一个能力多强的人，他都会有自己不擅长的事，这就是人们的痛点。企业如果能抓住其中一个痛点，用户就会主动找上门。

本质上，任何产品都是为了满足用户的某种需求而诞生的。如果用户没有需求，产品也就没有存在的必要了。每个人买东西、买服务，都是为了解决自己的问题，而不是因为产品本身。例如，用户去买冲击钻，并不是想要冲击钻，而是想要水泥墙上的孔。也就是说，如果有其他更简便的打孔方法，用户也就不会购买冲击钻了。

企业理解了这个逻辑，那么不管是打广告，还是卖产品，都必须找准用户需求，帮他解决问题，才能促成交易。所以，企业营销的起点是为帮助别人解决问题，只有这样的营销策略才会有杀伤力。

在营销的过程中，不管是引流，还是成交，都取决于企业对用户需求的把握。有人知道用户的需求，但是抓不住重点，所以才会出现成交困难的现象。为什么抓不住重点？最大的问题就是企业的卖货思维。

（3）卖货思维

大部分企业都是按卖方市场的思维经营，所以他们都以产品或卖货为中心的思维进行营销。而现在的市场物质过剩，是买方市场，最好的办法是以侵占心智的形式进行营销。所以，以前许多有效的广告方式到现在却变成了烂广告。

① 自卖自夸型

这类文案一般会通过产品使用前后的对比图或视频等让用户见证产品效果，然后用一些科技名词包装产品，强化产品的效果，证明自己的实力，最后通过优惠的价格促使用户购买。这类广告常见于一些高科技产品，但实际上还是卖产品本身，而不是用户的需求 。

② 无所不能型

这类文案常见于保健品行业。例如，把一款保健品说得无所不能、包治百病，仿佛重症患者再也不用吃药了一样。这些广告好像生怕用户不知道产品的优点，把一大堆产品的优点拍在用户脸上，结果造成用户根本看不出产品的特点在哪里。

③ 深奥难懂型

保险、金融、软件等产品都比较复杂，普通人不易理解。所以，很多企业的广告都为了说服用户关注，常利用图片、文字、视频、语音等多种方式讲解自己的产品，希望对方能听懂并采取行动，结果堆砌的大量资料让用户看晕了。

④ 苦口婆心型

一些直销类的销售员不管对熟人，还是陌生人，开口就是谈产品、团队的优势，苦口婆心地说服用户加入。即使在网上也是如此，他们会坚持天天给用户发问候语、节日祝福、心灵鸡汤，期待用诚意和大道理说服用户，却不曾想引起了用户的厌烦。

只要是有卖货思维的人，哪怕广告文案再有创意，文字再华丽，最终获得的营销成绩只能是平平无奇。因为没有一个人愿意平白无故为陌生人花钱，他们只会为自己的需求花钱。

因此，上述四种卖货思维的广告自然只能起到骚扰用户的作用。靠运气营销的时代已经过去了，“广撒网”不能带来高利润，只能带来高成本。所以，现在这个时代的营销靠的是智力。有些人可能会苦恼于如何找到用户的痛点，其实方法很简单，企业需要的是逆向思维。

（4）逆向思维

逆向思维就是与普通人相反的思维方法。大多数人都是从原因推出结果，而企业要做的就是从结果推出原因。例如，销售一款减肥药，正向思维是介绍减肥药的功效，然后介绍减肥药可以让女性拥有好身材，变得更加美丽。而逆向思维就是从用户的角度出发，指出他们的痛点，如买不到合身的衣服、影响恋爱关系、找不到好工作、易患高血脂或高血压疾病等。这样直击用户痛点的广告很容易就能引起用户的重视，他们会把自己对号入座，认为产品可以解决自己的问题。

所以，写广告的第一步不是吹嘘产品，而是挖掘用户的欲望，找出他的痛点。这是与用户利益息息相关的，因此，他会本能地产生反应。

当然，企业挖掘用户的问题，一定要与产品的功能相关，是产品能为用户解决的问题。例如，女装店的广告可以是针对胖女生的“身材不好，穿衣服难看怎么办”；针对矮个子女生的“长得太矮，买不到合身的衣服怎么办”；针对黑皮肤女生的“皮肤黑的女生，怎么穿衣打扮显得白一点”。企业只要能挖掘到用户的一个痛点，就足以引起用户的注意。因为用户内心隐藏的伤口一旦被撕开，他就会马上寻求解决办法，不然他就一直会如鲠在喉。

当然，企业的产品大多都不止满足用户的一个痛点。如果企业的产品可以满足用户多方面的问题，那么企业就可以每天从不同的痛点切入，去刺激用户。一旦开始渴望得到解决方案，他就会自主寻求企业产品的帮助。

3.2.2　制作与用户潜在感知相关联的内容

制作与用户潜在感知有关的内容可以增加用户的内部感知，让他们从心里认同产品。企业运营内容，就是要尽量为用户提供有意思、有价值的内容，增加用户与企业的联系。

据统计，一般用户每天平均会在移动媒体上花费 5.9 个小时。尽管这个时间已经很长了，但大多数用户还是没有足够的时间浏览、参与所有内容。

那么，企业要如何应对用户疲劳的现象，增加与用户的联系呢？在内容不断细分的背景下，普通内容已经丧失了吸引力，只有制作与用户潜在感知相关的内容以捕获更细分的用户群体才是正道。

品牌与用户的关系分为弱关系、泛关系和强关系三种，每种关系都对应不同的重点。

（1）弱关系

弱关系是指用户听说过也偶尔关注过品牌。面对这样的用户，企业要把重点放在为用户提供乐趣上，并且内容要便于分享，这样才能打开与用户的信息屏障。

（2）泛关系

泛关系是指用户购买过品牌产品或已是会员。面对这样的用户，企业只有提供有价值的信息或服务才能激起他的二次消费。这类用户对品牌有一定的了解，需要企业为其提供不同于以往的新鲜感，才能促使其深入了解品牌，增加其对品牌的黏性。

（3）强关系

强关系是品牌的种子用户、铁粉。面对这样的发烧友用户，企业需要产出有感染力的内容，让他们在参与的过程中形成身份标签，获得优越感，进而形成对品牌的认同。

大多爆款文章都是以人性的某个方面为出发点进行内容策划的，主要方式有品牌人格化、内容带动性、故事化营销和娱乐性科普。品牌人格化就是为品牌贴上人格标签，使品牌拟人化，让产品直接与用户对话，以拉近产品与用户之间的距离。内容带动性就是制作带有娱乐、搞笑或竞争性的内容，这些内容能吸引用户的目光停留。故事化营销就是为用户讲一个故事，故事的结尾不重要，主要是引发受众的连锁反应，勾起用户的情感共鸣。娱乐性科普就是在娱乐的内容中加入科普性的内容，将晦涩难懂的专业知识通俗地展示给用户，以达到普及的效果。

企业如何能制作出与用户潜在感知相关联的内容呢？

第一步是明确五个问题。（1）Who，即“我”是谁。企业要先明确自己制作这个内容的目的。（2）Say what，即“我”要写什么。（3）Which channel，即传播的渠道。例如，企业要利用微信平台传播，内容就要按照微信用户的阅读习惯创作。（4）To whom，即传播的受众是谁。例如，有些产品的用户是专业人士，而有些产品的用户是大众消费者。（5）With what effect，即内容最后想要达到的效果。例如，有的内容是想要获得新用户，有的内容是为了增加用户的购买率。

第二步是抓住技巧。一是利用某事件的影响制造爆点，这种方法就是常说的“蹭热点”，借助事件的影响力打响品牌热度。二是在细分群体中形成话题，为垂直细分用户制作专属内容，并引导用户讨论该话题。

3.3　借助认知，树立强势品牌

认知是指人们获得或应用知识的过程，是将外在信息经过人脑的处理转换成内在的心理活动，从而支配人类行为的过程。用户对品牌的感知就是一个认知的过程。如何在这个过程中给用户留下深刻的印象，是企业需要考虑的重点问题。

3.3.1　喜茶是如何靠排队走红的

2017 年初，喜茶强势上演了一出多米诺骨牌般的营销大戏。从年初开始，喜茶的各项指数都在飞速飙升，朋友圈里排长队买喜茶的图在到处刷屏，喜茶的新闻公告也在强势霸占着人们的视野。

然而，上述所有的信息却都只在传递一条信息，那就是喜茶每天都排好长的队，生意无比火爆。这个前段时间还名不见经传的奶茶店，就这样凭借“排队”越来越火。

为了买杯奶茶，等上数小时甚至大半天，许多人都会觉得有点荒谬，但还是有不少人在好奇心的驱使下坚持等下去，如图 3–1 所示。

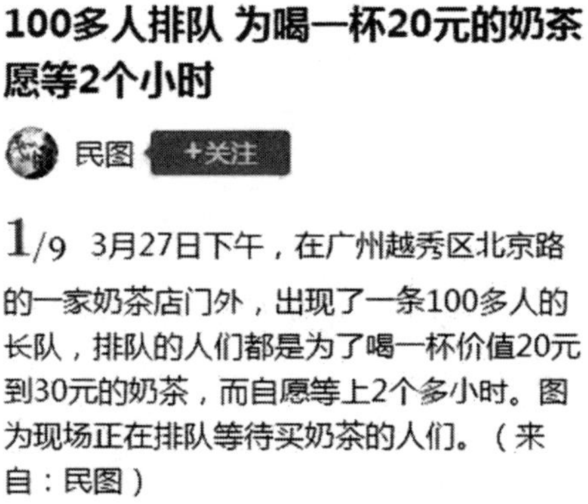

100多人排队 为喝一杯20元的奶茶愿等2个小时

民图 +关注

1/9 3月27日下午，在广州越秀区北京路的一家奶茶店门外，出现了一条100多人的长队，排队的人们都是为了喝一杯价值20元到30元的奶茶，而自愿等上2个多小时。图为现场正在排队等待买奶茶的人们。（来自：民图）

图3–1 喜茶排队的新闻

就排队这件事本身来说，实际上是经济学的羊群效应。消费者就像羊群，看到其他羊都去吃大树下的青草，那么自己也要去尝一下。即使自己并不知道那里的草是不是真的比别处的要美味。喜茶排队的人越来越多，同样也可以用这个原理来解释。

在喜茶的整个营销过程中，最关键的就是刚开始排队的人以及喜茶对排队这件事的宣传，这些信息让消费者形成了喜茶供不应求的认知，所以才有后来源源不断的排队大军。

那么，喜茶是如何将“排队”营销发挥到极致的呢？

（1）网红定位

与其说喜茶被捧成了网红茶，不如说喜茶从一开始给自己的定位就是网红茶。喜茶官方称，喜茶以年轻势力为主要消费群体，致力于打造融合传统奶茶与健康茶文化的新式饮品。因此，喜茶从产品包装到茶饮配方，如奶盖、芝士等元素，都瞄准了年轻人，抓住了年轻人“不喝就 out”的心态。

网红茶的产生不是自发的，而是在网红推荐、媒体报道、官方造势等多方面推动下产生的。因此，排队就成了喜茶成为网红的“刚需”，毕竟一个没有观众的主播是无法成为网红的。

（2）“排队”文化

喜茶的标志就是排队。尤其是最开始的时候，全国各地的喜茶店都在排队，如图 3-2 所示。

图3-2 喜茶店排队

喜茶把排队做成了一种文化，这是其他奶茶店无法复制的。因为仅仅一个单纯的排队活动是不能一下就扭转业绩的。一个产品的兴衰本质在于其品质是否能支撑起消费者的认可，只有消费者对品牌形成了正向认知，进一步的营销推广才会起作用。因此，排队文化要想持续发展下去，产品质量一定要过硬。

（3）模仿星巴克的服务

喜茶从店铺装修、门店的选址，到饮品的品质、服务质量都可以和星巴克比肩。在餐饮行业中，用餐环境和氛围是提升饮品体验感的关键。虽然对于奶茶的味道见仁见智，但这样的环境和体验已经足够消费者为它发一次朋友圈了。

（4）升级小米的饥饿营销

众所周知，小米是饥饿营销的代表。如果说小米是“圈粉式”饥饿营销，而喜茶则是“带入式”饥饿营销。小米的饥饿营销只是提高了消费者对产品的期待值，而喜茶则是将消费者的这种期待转化成了真金白银。饥饿营销利用人性的弱点，刺激了消费者的消费欲望。消费者不会去深究长队从哪里来，只会下意识地觉得自己要和大家一起排队。

（5）强势舆论宣传

喜茶从获得融资后就开始大量投放软文广告，其高效率地利用新媒体，尽可能让自己的名字出现在大众的社交软件上。北上广深几乎大半的吃喝玩乐类公众号都报道过喜茶，另一些生活时尚频道也有类似的专题报道。强势的舆论宣传是喜茶能吸引老、中、青三代粉丝的关键。

3.3.2 颠覆认知：Kindle 成为盖面神器

2019 年 3 月 20 日，亚马逊发布了 Kindle 阅读器青春版。之后，Kindle 就将官方广告语改成了“盖 Kindle，面更香”，如图 3-3 所示。

图3-3 Kindle 广告语

这句广告语来源于网友在生活中为 Kindle 开发的新功能，即用 Kindle 盖泡面。原本是网友对自己买了 Kindle 也没有多看书的调侃，却被 Kindle 官方大方地当成广告语，让不少网友直呼“官方自黑，最为致命”！这句广告语瞬间引燃了微博话题，阅读量突破 2 亿次，讨论量达 3.8 万条，不久便占据了微博热搜榜。许多网友更是与 Kindle 玩起了互动，亲身示范用 Kindle 盖泡面。

Kindle 作为一种阅读工具，受到不少文艺青年的青睐，亚马逊的广告也因此一直走高端路线，宣传读书价值。而这一次亚马逊却放下姿态，用自黑的方式颠覆用户此前一贯的认知，取得了不错的营销效果。

品牌自黑是近几年各大品牌常见的宣传手段，通过放大产品的一个瑕疵或嘈点来吸引用户的目光，但其实是巧妙输出了产品的卖点。例如，甲壳虫汽车的广告文案“它很丑，但是它能带你去想去的地方”，甲壳虫官方大方地自嘲汽车的外形丑，却恰到好处地突出了代步功能这个优点。

互联网时代，品牌已经不再是高高在上就能吸引粉丝了，用户更喜欢那些与自己平等对话、接近自己生活的品牌。因此，这样独辟蹊径自黑逗趣的广告文案反而更能让品牌成功圈粉用户。那么，品牌自黑营销到底有什么魔力呢?

（1）自黑拉近与用户的距离

自黑自嘲是一种自我解压的生活态度。当今时代，生活节奏加快，现实的压力让一些年轻人喜欢用幽默的语言吐槽生活。类似于“自闭了”“我差不多是个废人了”的表达在社交媒体上层出不穷。于是，品牌利用这种自嘲的营销方式很容易就能获得用户的情感共鸣，与其拉近距离，提升好感度。

（2）巧妙反映产品性能

品牌自黑是一门艺术，企业要明确自身产品的优势与不足，选择正确的“黑点”去吐槽。这是一种反套路营销，看似透露缺点，实则强调优点。公众印象中的数码产品一般都需要小心保护，怕水怕摔，但 Kindle 却用盖泡面的另类操作说明了产品防水、防高温，这些都是亚马逊新品的硬核卖点。

（3）品牌拟人化互动

品牌的自我调侃能塑造产品的拟人化形象。Kindle 一改以往一本正经的形象，吐槽自己常被用来盖泡面，让不少网友直呼这个操作堪称本人了。随后，一大波网友在微博上晒出用 Kindle 盖泡面的照片，使此次话题的热度经久不散。

（4）降低用户教育成本

日常交流中经常会产生一些广为人知的话题内容，这些就是大众定义的“民间标签”。Kindle 盖泡面之所以能火，是因为这条广告语顺应民意。“Kindle 盖泡面”可以看作一个民间标签，买 Kindle 时立志要认真读书，但没过多久 Kindle 就成了泡面盖，这也是很多用户的真实写照。

品牌利用民间标签宣传，可以让用户迅速明确品牌想要传达的信息，从而降低了用户的教育成本，以达到快速传播的效果。特别是刚上市的新产品，品牌要想让用户在短时间内接受广告信息，就需要选一个大众喜闻乐见的营销话题。

虽然自黑是一个反其道而行之的强势宣传手段，可以无形中反映产品卖点，还可以拉长传播周期，增加品牌的认知度和好感度，但自黑也是一门高深的学问，需要企业选择正确的“黑点”，既保证不尴尬，又能起到推广效果。

第 4 章
PART 4

引起好奇（Appeal）：用良好的定位占据用户心智

与用户进行交流时能够主动进攻，掌握主动权固然是好。但如果掌握不了主动权，企业就要想办法吸引用户，让用户主动和企业进行深入交流。这时，用户的好奇心就是企业可以利用的一种心态。对于未知的东西，人都会充满好奇。因此，要想吸引用户，企业就要充分利用用户的这种感情。很多互联网营销都是利用用户的好奇心，在正式发布产品之前先泄露一些模棱两可的信息，利用人们的好奇心和探究欲来造势，从而让人们主动地了解产品。

4.1 打造个性品牌

品牌个性是品牌建设的一部分，打造个性品牌需要企业洞察市场与用户，同时输出品牌的价值观，找到符合企业发展的最佳策略。无论是悬念设置、文案设计，还是品牌故事、内容，都要符合产品定位，然后通过大胆创新，塑造品牌的个性，最后对品牌的个性进行固化。

4.1.1 设置悬念，诱导用户深入

在广告营销的过程中，企业为了提高用户对产品的兴趣，常会利用用户的心理，其中能获得超高关注度的策略就是制造悬念。

电视台曾经播放过一则广告。一条笔直的公路上，有一个男人正在徒步行走，他想搭一辆顺风车。一会儿，一辆汽车驶来，停在他面前，里面有 5 个人。他问道："马师傅来了吗？"车里的 5 个人都不知道他在说什么。同样，电视观众也在纳闷：马师傅是谁?

第二天的同一时间段，观众又看到马师傅的广告，进而产生了很多猜想，却还是不知道马师傅是谁。此时，观众的好奇心已经被激发到极致，他们立刻去网上搜索，可只搜到了一些无关的内容。后来的很长一段时间里，大家都在期待马师傅故事的结局。

一个月后，广告终于揭晓了谜底。电视台传出了马师傅即将和大家见面的消息，原来马师傅是一种润滑油，人们最后才明白这是一个润滑油广告。而马师傅这个品牌已经在用户心中留下了深刻的印象。

制造悬念就是给用户设计一个“谜题”，用户在它解开之前肯定是兴致勃勃的，注意力也能够聚集在产品和营销人员身上。因为他们内心渴望发现端倪，找出这个“谜题”的答案。然而，企业在设计悬念时应该尽量巧妙安排，不要生搬硬套，避免给出一个垃圾的结局。这个结局一定要在意料之外，又在情理之中，恰到好处地吸引用户的注意，才能真正促成最后的交易。企业制造的悬念越是不可思议，让人难以琢磨，就越能吸引注意。不过，制造这样的悬念比较难。但也正因为如此，营销才能成功。

悬念式广告是把一个完整的故事在情节发展的关键时刻分割开来，通过设置悬念来持续吸引受众关注。这种营销只需要企业提炼一到两个核心、神秘的卖点，慢慢抖包袱，将信息说一半留一半。

设置悬念并不难，只要沿着正确的方向、合理的步骤进行即可。首先，不要太点明结局。悬念就是让一些神秘的内容悬而未决，如果神秘的面纱过早地被揭开，就起不到吸引人的作用了。其次，企业要重视受众的感受，根据受众的期待发展情节。除了用抽奖等方式与用户进行互动以外，企业还可以借助网络，根据用户的意志更改情节。由用户自己撰写情节，或设置多个结局让用户进行选择，充分发挥他们的主观能动性，进而提高用户对营销活动的关注度。重视个人意志、发表自己的见解、快速浏览信息、重视体验感等都是现今人们认同的生活方式，企业只有结合人们的这些心理需求，营销才能取得成功。最后，企业要不断令事件发酵，把最精彩的内容留到最后。悬念越是不可思议，就越能赚到眼球。

悬念式营销看似延缓了产品曝光的时间，但实际上却延长了人们感受营销主题的时间。通过制造悬念，使原来纷乱的用户心理围绕某个事件在一定时间内集中起来，为下一步的广告内容创造了比较好的心理环境。

悬念式营销针对产品的特征恰当展开，使产品的每个侧面、每个相关信息都能引出悬念。由于悬念式营销是设计一个从设疑到解疑的过程，因此营销创意一定要稳定保持，以便于人们重复揣摩。

企业在选择合作媒体时，一定要保证该媒体可以对事件进行连续性报道。如果曝光间断，不能给用户造成悬而未决的感觉，就会很容易挫伤用户的热情。而这个创意不能脱离产品的特性和诉求目标，不能过于夸张和离奇，否则会给用户留下生搬硬套或故弄玄虚的印象。

4.1.2 亮点十足的文案

优秀的文案也能起到引导用户的作用，像“扫一扫”这样的文案过于平淡，而带有悬疑色彩和解密性质的文案则更容易引起用户的兴趣。例如，下面是南都乐购的二维码文案。

> 千万别扫，不然……
>
> 不小心扫了怎么办?
>
> 那就加入神秘的咖啡密探组织，
>
> 获取机密线索，
>
> 开启解密之旅!
>
> ——南都乐购二维码文案

这个文案给用户营造了一种悬疑的氛围，吊起用户的好奇心后又不告诉用户结果，使其产生一种迫不及待想知道真相的心情。

网易云音乐曾与杭州地铁达成合作，发起了一场名为“看见音乐的力量”的营销活动。这场营销活动中，网易云音乐的《看见音乐的力量》文案深深触动了地铁上每一位乘客的心。《看见音乐的力量》文案内容来源于网易云音乐的乐评。网易云团队从 4 亿条评论中挑选出点赞最高的 5000 条评论，最后从中选出 85 条，将其铺满了杭州地铁 1 号线与江陵路地铁站，如图 4-1 所示。

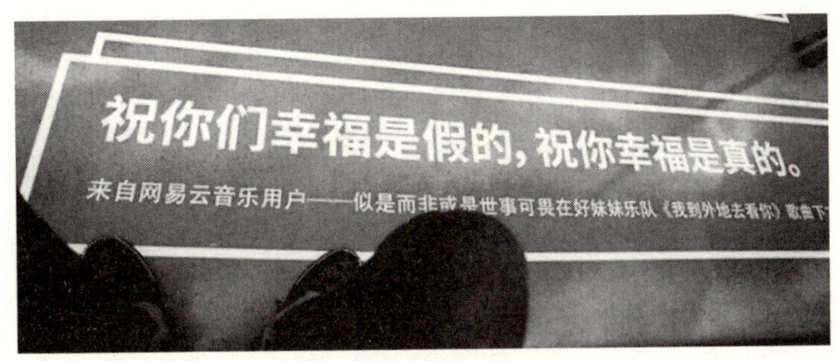

图4-1 网易云音乐的乐评

下面是网易云音乐地铁文案的一部分内容。

> 当你觉得孤独无助时，想一想还有十几亿的细胞只为你一个人活。
>
> 我喜欢我望向别处时你落在我身上的目光。
>
> 一个人久了，煮个饺子看见两个粘在一起的也要给它分开！
>
> 校服是我和她唯一穿过的情侣装，毕业照是我和她唯一的合影。
>
> 人生的出场顺序太重要了。
>
> 我想做一个能在你的葬礼上描述你一生的人。
>
> 我离天空最近的一次，是你把我高高地举过了你的肩头。
>
> 哭着吃过饭的人，是能够走下去的。
>
> 喜欢这种东西，捂住嘴巴，也会从眼睛里跑出来。
>
> 最怕一生碌碌无为，还说平凡难能可贵。

网易云音乐的文案全部由用户评论组成。那么，为什么把它们投入杭州地铁站就能获得如此大的成功呢？其背后原因主要有以下三方面。

第一，杭州虽比不上北、上、广、深等一线城市，但经济发展速度一直位居全国前列。特别是在 G20 峰会后，城市影响力进一步加强，符合大范围传播的条件。而且，杭州的人文情怀与网易云音乐“有情怀、有温度”的主旨十分契合。

第二，音乐是一种场景化消费的商品。用户想听的音乐会随情绪、天气、时间等因素发生变化，而这些因素很难被外来的人力所改变。因此，“音乐”这种商品想实现价值最大化，就需要找到一个容易让用户情绪出现波动的场景，地铁就是这样一个场景。

对于生活在城市中的大多数人来说，地铁是一个充满回忆的地方，它代表着“奋斗的孤独者们”。大多数年轻人都曾满怀希望地搭上地铁，走在上班的路上，也曾疲惫不堪地靠着座椅回忆一天的辛劳。

第三，营销效果出众的文案必然能让用户“念念不忘”，引起用户情感的强烈波动，网易云音乐的乐评便完美符合了这一点。

（1）乐评来源于网易云音乐用户本身，代表用户本人最真实的情感宣泄，这比营销人员撰写的文案更能吸引用户。毕竟营销人员撰写的文案再科学也比不了用户本人的发声，因此选用乐评更容易赢得用户的情感青睐。

（2）网易云音乐的乐评文案是从 4 亿条评论中千挑万选出的 85 条，每一条评论都直击听歌人的内心。而网易云音乐的资深用户大多有“听歌刷评论”的习惯，这部分用户对乐评更熟悉，乐评文案无疑更能引起这些用户的情感共鸣。

（3）带有用户强烈主观感情的乐评让枯燥的文案变成了情感的交流。通过它，网易云音乐的用户能缓解路上的孤独感，加快与文案间的情感交融。

喜欢听歌的文艺青年，内心都有些小故事，这些人大多容易感怀。所以，网易云音乐的乐评文案根本不需要宣传，大多是用户自发宣传，广泛分享。如今的用户已经不仅追求服务体验，而且更在乎产品背后的情感价值。一个越能打动用户的产品，就越能带给用户良好的情感体验。

4.1.3　动人的品牌故事

互联网时代，传统营销模式逐渐被新兴互联网营销模式替代，故事营销越来越受到大家的青睐。用户在买东西时都喜欢了解产品的品牌，这时优秀的品牌故事就能很快吸引用户关注，进而下单，这就是品牌故事的影响力。

品牌故事就是用情感将企业的产品和用户联系起来，为用户创造一种愉悦的、难以忘怀的消费体验。品牌故事通过对品牌进行故事化讲述，并将品牌背景、文化内涵、经营理念融入其中。

雅诗兰黛夫人认为："每个女人都可以拥有美丽和时尚。"于是，她就将自己的生活理念和时尚理念融入了雅诗兰黛的品牌中，不仅重塑了美国化妆品行业的面貌，还影响了全球化妆品市场。1946 年，雅诗兰黛夫人凭借"为每个女性带来美丽"的愿望创立了雅诗兰黛公司。1953 年，雅诗兰黛公司推出了有革命性意义的 Youth Dew 香水，其品牌因不断追求创新、精于研发和品质优良赢得了广泛美誉。如今，雅诗兰黛的护肤、彩妆及香水产品以精湛的科技和优秀的功效闻名于世，在 130 多个国家和地区销售。

雅诗兰黛创立至今有无数的革新和创造。例如，现在化妆品行业广泛使用的营销手段——产品试用、优惠礼品、为女性选购香水等都是雅诗兰黛提出的。同时，雅诗兰黛也在不断地推出专利成分，用更好的产品为每位女性带来美丽。虽然雅诗兰黛业绩斐然，但其始终坚持创立品牌时的初衷，即为每个女性带来美丽，坚信科研的力量，保持与用户良好的交流。雅诗兰黛的品牌精神是其发展至今的基础，其与时尚先驱合作、在科学上寻求突破和忠实的消费群都是雅诗兰黛成功的原因。

品牌专家杜纳·E·科耐普说："品牌故事赋予品牌生机，增加了人性化的感觉，也把品牌融入了顾客的生活……因为人们都青睐真实，真实就是品牌得以成功的秘籍。”

首先，品牌故事与品牌是灵魂与肉体的关系，没有品牌故事的品牌，只能是一个简单的符号。只有当一个品牌故事被合理挖掘和传播时，原本虚无的品牌才能变得有血有肉，并且具备说服力和亲和力，才能获得最有效的传播。

其次，品牌故事的互动性能带动用户的参与，使品牌形象更生动，更易激发口碑传播，比单纯地打广告成本更低，效率更高。

最后，很多品牌故事蕴含着企业的文化内涵，企业通过品牌故事把自己和用户联系在一起，既能提高用户的忠诚度，又能增加品牌的竞争优势。

面对愈发激烈的市场竞争，用户的选择性多、遗忘性大，品牌故事赋予了品牌以品味与灵魂，使企业永葆生机。

4.1.4 内容情感化，互动趣味化

文化底蕴是蕴藏于不同文化载体深处的思想精华，它是人类文明进程中经过千锤百炼形成的一些最根本的价值标准和思维方式。这种文化底蕴渗透在人类的情感之中，需要营销人员去发掘、领悟和积累。

抖音上火爆的西安摔碗酒就是通过结合文化激起消费者对文化的好奇心，从而一炮走红。摔碗酒起源于陕西省安康市岚皋县，是当地的一种风俗习惯，饱含了人们对生活的一种期许。很多人慕名前来，一方面是因为网络宣传，另一方面是他们从情感上想要体验风土人情。

任何产品都有其独特的功能和优势，这些功能和优势的外在延伸便是产品的品位。一个符合产品品味的营销方式会增添产品的感召力，让产品焕发强大的魅力，温暖用户的内心，获得用户的青睐。

例如，手机进水对于用户来说是噩梦，针对这个问题，越来越多的手机

厂商研发了防水功能。但如何向用户宣传这种功能呢？以华为的“爱在防水”广告为例，一方面直接点明了手机在联络沟通方面的效果，另一方面直接为手机的防水功能发声。华为的广告词如下。

> 当你身上承担着更重要的责任，当你和亲密的家人分隔两地，不得不隔着屏幕诉说衷肠。手机将不仅仅是沟通工具，更能让你思念的他触手可及。爱无固定形式，这样天真烂漫的行为让人心头一暖。HUAWEI Mate 10 Pro 拥有 IP67 防溅抗水等级，精雕细琢每个细节，实现抗水、防溅和防尘性能。

优秀的广告词配合优秀的广告场景，以女儿为消防员爸爸洗脸为切入点，对“爱在防水”这个广告主题赋予了情感的意义，具体如图 4–2 所示。

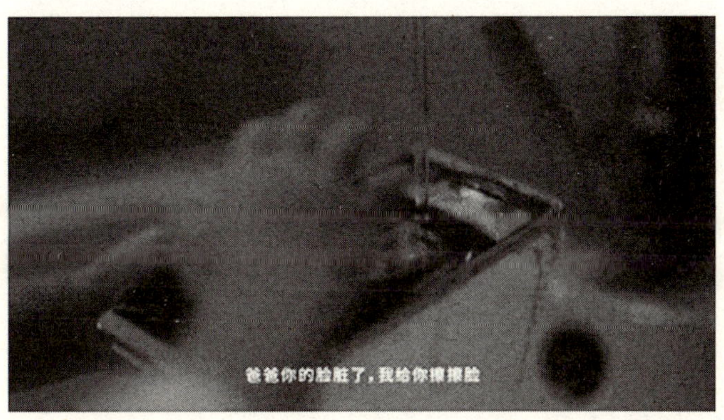

图4–2　HUAWEI Mate 10 Pro 广告中女儿为消防员爸爸洗脸的场景

广告的内容是这样的。

> 消防员爸爸执行任务后，没来得及擦干净脸，就用手机和妻女视频通话，传达平安。小女儿倚靠在妈妈怀里对爸爸说自己很想他。看到爸

爸爸满脸油烟的面孔，小女儿心里很难过，立即拿起妈妈手中的手机跑到厨房，打开水龙头直接对着手机屏幕冲水。原来，她是想帮爸爸洗脸。最后，视频弹出了“爱在防水”的广告语。

这条广告设计得极具煽情意味，展现了可贵的亲情，从而让用户产生共鸣。最后通过女儿天真、暖心的行为，既点了题，又向用户强化了产品的防水功能。

很多品牌都在借助情感营销打动用户，华为的情感营销无疑是成功的。但是，情感营销要与产品品位密切结合，并以创意的形式推广开来，还应该站在旁观者的角度对用户的类型和偏好进行正确分析，这样才可以引起他们的心理共鸣。

人是有感情的，激起用户内心真正的情感需求是情感营销的核心。

知名公众号“视觉志”的一篇文章《谢谢你爱我》的阅读量、点赞量和留言区的评论都突破了10万次的大关，这是视觉志第一篇阅读量超4000万次的文章，帮助其两天涨粉超过50万人。

《谢谢你爱我》这篇文章共由18个小故事组成，每个小故事都是独立的单元，由文字和图片构成，而整篇文章围绕“爱”这个主题。故事中的主人公不局限于人，还有动物，如表4-1所示。

表4-1 《谢谢你爱我》的部分内容摘选

人物	特征	金句
双胞胎	亲情	即使命运对我不公，我也会用尽全力去疼爱你
流浪汉与狗	善心	善心无关贫富，垃圾虽然脏，可内心却是一片净土
狗与狗	忠诚	接触的人越多，发现自己就越喜欢狗
猫与狗	保护	愿有一人能知道你的强大，更懂得你的脆弱，不要害怕，有我在
老人与爱人	爱情	从前车马很远，书信很慢，一生只够爱一人

续表

人物	特征	金句
父亲与母亲	爱情	在远方的她此刻可知道，这段情在我心始终记挂
环卫阿姨与乞讨者	善心	不要对生活中的那些磨难和艰辛充满怨怼，更不要为此一蹶不振，那些不期而遇的温暖，都在悄然改变着那些看起来惨淡混沌的人生
环卫工人与小伙	善心	善良与学历、职业、年龄、身份无关
老师与学生	崇高	学高为师，身正为范
狗狗与救援人员	善心	命运看起来残酷，但不会对你不管不顾，无论你变成什么样，依旧会有人爱着你
狗狗与路人	善心	生而为人，请不要忘记善良
小毛驴和小主人	爱	你身边有个像小驴一样爱你的人吗

《谢谢你爱我》以最简洁的方式传递情感，没有长篇大论，只有简短的文字配以相应的图片，最简洁，也最真诚。有些话不必说满，感情就会自然流露。

情感这种无形的力量很容易被人忽略，但情感却始终与人的生活息息相关。因此，企业只需在营销时唤醒人们内心深处的真实情感，如生活的辛苦、爱情的幸福、对家乡的思念等，这些情感的共鸣可以将用户强硬的拒绝化为“绕指柔”的接受。

浪漫情怀也是情感营销的一个关键点。康师傅茉莉花清茶根据其清新、甜蜜的口感，将“浪漫”作为品牌定位，把这个茶饮品植入年轻人的文化当中。杨洋曾与郑爽合拍茉莉花茶的微电影，与赵丽颖共同代言茉莉花茶，将茉莉花茶变成“浪漫爱情”的代言人。康师傅持续渲染茉莉花茶的品牌定位，将“浪漫”进行到底，与杨洋主演的 IP 电影《三生三世十里桃花》合作，打造“茉莉浪漫电影院”。

康师傅茉莉花茶以“告白”为切入口，与 QQ 音乐合作，推出音乐告白瓶。只要通过 QQ 音乐扫描瓶身的二维码，消费者就可开启告白之旅，制作属于自己的告白视频。另外，在重要的时间节点上，如母亲节、“5·20”等，康师傅茉莉花茶开展了“音为茉莉，真情告白”活动，鼓励消费者表达自己的真情实感。

康师傅茉莉花茶从全方位体现产品的定位，意在将场景与消费者的需求联系起来，打造“茉莉式的告白场景”，不仅贴合年轻人的心理需求，而且有利于树立品牌形象。

除了情感化的内容，趣味化的互动也有利于塑造个性化的品牌。互动是企业和用户在一定的时间点以特定的形式进行沟通，在一来一往中拉近彼此的距离，逐渐放下防备心。简单地说，就是提高用户的参与感。一个简单的问答、一次话题的讨论都是在构建一个交互的环境，让用户意识到自己与此事有关，增加他们的黏度。

企业若不及时与用户沟通，就不会知道用户的真实想法。因此，企业与用户互动也是为了广泛掌握用户的需求，有针对性地为用户服务。互动是为了理解用户的心思，也是为了占领用户的心智。

淘宝每年的“双十一”购物节都会创下新的成交纪录，每年的活动形式也越来越多样化。“双十一”预热期有购物津贴、预售定金、红包、“双十一”晚会等活动。“双十一”当天很多商家有前几秒购买半价或前几名购买者免单的优惠，在整点时刻还会放出限量的大额优惠券。

购物津贴相当于满减活动，不仅多渠道发放，跨店使用，也可以和店铺优惠叠加使用。预售定金提前锁定消费者，“双十一”当天交付尾款。红包的形式多种多样，有狂欢桌面红包、明星密令红包、捉猫猫红包及火炬红包等。其中，狂欢桌面红包使众多品牌得到高效率的曝光，它与红包深度捆绑，每逛满 10 个品牌就可抽奖一次，提高了用户的浏览率。淘宝页面上还有实时榜单，引导不知道买什么的消费者购物。“双十一”还会举办两场晚会，邀请国内外知名的明星参与，带动了很高的流量。

截至目前，淘宝“双十一”已经举办过 10 届，每年的玩法花样层出不穷，让消费者参与其中，乐于其中。虽然红包的金额不大，但是种类繁多，能让广大消费者与淘宝商家互动起来。消费者为了红包或优惠券会额外购买一些商品，这样则刺激了消费。

淘宝“双十一”以各种形式的营销活动相结合的方式，让众多参与淘宝“双十一”的消费者们热情高涨，频繁互动，也使参与其中的商家实现了销量的突飞猛进。

4.2 人性化品牌的六个属性

随着科技的发展，人们在快节奏的生活中压力增大，情感失衡，精神生活相对贫乏。这种现象使人们在日常消费中对情感的需求日趋强烈。因此，品牌人性化已成为一种大趋势。人性化的品牌具有六个属性，即物质性、智力性、社交性、情感吸引力、强烈的个性和高尚的道德。

4.2.1 物质性

品牌文化由品牌物质文化和精神文化两部分组成。品牌物质文化是品牌精神文化的基础，决定了品牌精神文化的方向。用户购买产品，既购买了品牌的物质文化，同时也购买了品牌的精神文化。因此，人性化品牌虽然体现的是品牌的情感属性，但也要以物质性为基础。

企业的经营理念、目标、道德规范、风俗习惯等共同构成了品牌文化，这些都不是虚无缥缈的，而是建立在一定的物质基础之上，它们都需要通过一定的物质载体去表现。

企业建立人性化品牌，在塑造品牌人情味的同时，都必须先具备厂房、资金、技术、原材料等物质条件，然后才能借助组织管理和生产经营而创造品牌的“人性”。没有这些物质条件，就没有创造和升华的基础，也就不可能产生相对应的企业文化。

企业各种物质条件的存在蕴涵了一定的自然规律，企业组织员工在这些规律下生产又包含了一定的经济规律。符合这些规律，企业才能生存，品牌才可创造。而这些规律正是品牌精神文化的萌芽。企业员工在生产实践中对这些规律总结和升华，就形成了企业的精神文化。

因此，物质条件决定了企业的精神文化，有什么样的物质条件就会有什么样的精神文化。例如，只有实力雄厚的企业才能打造最前沿、最令人信服的经营理念，而一个物质匮乏的企业只能坚守艰苦奋斗的企业理念。

产品是品牌文化“裸露”在外的部分，是最容易被用户感知的部分。产品的名称、标志、标志色、包装、宣传标语、展示陈列等都是品牌形象的直观反映。另外，企业的厂区规划、建筑布局、绿化美化等也能反映品牌文化。

人性化的品牌就是要品牌与用户建立情感上的联系，弥补当今社会用户在情感上的缺失，以此增强用户对品牌的黏性。但是，这一切都要建立在物质性的基础上，打好基础才能打造品牌的人性化。

4.2.2 智力性

网络发展的速度越来越快，营销人员必须实现智能化营销，才能实现品牌的人性化。

大数据时代，广告行业发生了巨大改变。例如，Banner 广告（指网站页面的横幅广告、游行活动时用的旗帜、报纸杂志上的大标题等，能够形象鲜明地表达主要情感思想）以及这几年火爆的 O2O 模式都是在这个时代背景下兴起的。

过去，许多企业闭门造车，不重视收集用户数据，导致用户反馈周期漫长。但现在通过大数据的帮助，无论是自有数据，还是采购数据或市场数据，企业都可以轻松获取，从而能智能化地了解用户。这种了解会促使企业布局行动，最终使大多数企业与互联网之间产生紧密联系。这个联系不仅会涉及市场部门、技术部门，而且关乎企业的管理流程、运营流程。企业通过这种智能化的运作体系，可以轻松洞察企业网站的优势与不足。

企业的网站不仅排名要高，还要有用户喜欢的产品。聚美优品是一个化妆品团购网站，初期时相对流量较小，知名度也低，购物方式基本以团购为主。在优化网站的过程中，聚美优品通过对一些主要关键词进行优化，如化妆品团购等，从而实现对品牌、用户群的智能化把控。如此一来，在百度搜索引擎中，有关化妆品团购等关键词的排名搜索，聚美优品排在第一位。对化妆品团购有需求的用户通过搜索关键词这个渠道便可以直接获取聚美优品网站的信息。

由于产品大多为团购且数量有限，因此聚美优品难以获取更多用户。为了解决网站用户相对多、产品相对少的问题，当时聚美优品提出以口碑为中心。聚美优品的口碑中心策略是指将市面上化妆品的品牌、产品汇聚形成一个产品库，里面添加许多用户的评论。也就是这个时候，聚美优品从原来的十几万页面扩充到如今的一二百万页面，团购的产品量也大大丰富。

通过这些优化和信息的智能化收集与整理，聚美优品获得了更高的搜索排名，同时也可以获取更多的用户意见和他们对于化妆品的消费记录，从而进行产品的适当调整以及更新换代。

以往的营销手段主要是广告，偏娱乐的形象，如同当年的美剧《广告狂人》所描述的一样。但随着科技的发展，营销也必须向智能化发展才能实现效果最大化。

企业推广方式的选择在于企业本身的特征。例如，根据自身实力选择大流量平台，在运营的过程中逐步淘汰效果不好的平台，逐渐加大对效果好的平台的资金、人力投入。这种方法的最终结果是从海量的第三方平台中获得更适合自己企业网站推广的渠道，也能产生更好的经济效益。

营销的智能化就是在营销的过程中想用户所想，让用户在体验产品的过程中感到舒适，这样自然就能突出品牌的人性化。利用大数据等新兴技术打造智能化的营销模式，是如今这个时代推广品牌的关键。

4.2.3 社交性

社交性也是打造个性化品牌的一环。众所周知，互动是品牌营销的精髓，只有用户与用户或用户与企业有来有往，才能创造品牌的“人情味”。

“佛系青年”是一个网络流行词，表达了当下年轻群体的一种生活状态，即无欲无求，看淡一切。LOFTER 是网易旗下的社交平台，主要面向年轻人，覆盖摄影、美妆、旅行、娱乐等兴趣板块，深受年轻人的喜欢。网易 LOFTER 六周年借助“佛系”这个热点吸引年轻的“90 后”用户，打造了“LOFTER 不正经青年生活节”。此次“不正经青年生活节”线下活动分为“黑市市集”“方桌怼谈”“没主题 live 派对”及“老司机驾校”互动展 4 个板块，意在让年轻人相互交流，找到有相同兴趣爱好的人。其中“方桌怼谈”环节，网易邀请了众多深受年轻人欢迎的嘉宾，如《奇葩说》的邱晨、《大内密谈》的创始人相征等。话题也贴合年轻一代的生活，如“靠嘴皮子赚钱是一种什么样的体验”等。“老司机驾校”是 LOFTER 结合“老司机”称号打造的互动性活动，仿照驾考分为“段子区”“吸猫区”和“氪金区”三科考试。通过三科考试的参与者会获得“老司机证书”。

网易 LOFTER 开展的线下活动充分与自己的品牌定位形成联系，借助“佛系”这个热点与年轻人互动，使产品形成社交性，引起年轻人的共鸣，从而丰富了自己的品牌形象。

4.2.4　情感吸引力

品牌人性化就是赋予品牌以“人情味”，让它像人一样与用户互动，使用户感受到品牌传递的情感价值，进而占领用户的心智。

电影行业中最常见的营销方式是首映礼、明星见面会、媒体发布会等。而媒体营销电影的方式则不同，他们把重点消费人群锁定在教室和办公室，也就是“90 后”的学生和“80 后”的白领。

媒体营销电影通过社会上的热门话题，基于手机移动端的传播，使用户进行相互融通、互动、分享等，为该影片进行第二次传播。对于用户来说，这些传播方式的杀伤力无疑是巨大的。

《失恋 33 天》在上映的第 4 天就收获了 1.5 亿元的票房，超过了同期上映的三部好莱坞大片和日本动画电影《名侦探柯南》。这样的票房成绩却是用 900 万元的成本搏下来的。

在未上映时，《失恋 33 天》就做足了话题。而且，这种话题还紧紧相连，持续刺激消费者的视觉神经。首先，该影片在很多大城市做了与失恋有关的活动，为电影的首映积累人气，唤起消费者的共鸣。接着，官方微博的上线让它的人气提升到 20 万人次，在百度的搜索量也达到了 500 万人次。此外，《失恋 33 天》还推出了成人玩偶和手机软件，并把这些推广到了智能手机平台上。这部影片运用社交媒体的传播，以“失恋”为核心话题，唤起了年轻人的共鸣，然后通过持续的活动将这种情感的吸引力发挥到极致，使其成为当下年轻人热议的话题，进而使他们为该部影片买单。

4.2.5 强烈的个性

有人想把自己的图像印在生日蛋糕上，有人想把爱人的图像印在自己的衣服上，有人想定制适合自己口味的食品。这些现象都与现在市场消费格局的变化有关，以前人们的消费行为趋于大众化，而现在人们的消费行为则趋于定制化、个性化。

在电商平台上，只要搜索“个人定制”这个标签，就会出现家具、衣服、皮包、水杯等各种结果，证明在这个时代许多领域的产品都可以定制。因此，定制是未来消费的一个大趋势。

现在，人们的经济收入有所提高，消费时不再跟风从众。不同地区的人的生活习惯、文化、性别、年龄等因素都不同，所以他们都会有自己特别的感受和个性化需求。针对消费者的这个特点，打造人性化品牌就必须使产品具有强烈的个性。

现在精细化、单纯化和大众化的产品已经不能在消费市场上引领潮流。尤其是在北京、上海这样的一线城市，用户对产品的个性化需求、对生活的品味和期望甚至已经接近发达国家的消费水平。市场专家认为，以用户的需求为产品设计的导向，以用户为中心，能加快商业零售化转型，而用户的消费习惯、消费需求的不同必然会导致各地方实体零售店产品的差异性，于是个性化消费就迎来了一个好时机。

我国经济的发展和市场的开放使每个行业的竞争都越来越激烈，企业想在竞争中突围，只有显出自身的优势，不断地完善自身的产品和服务来满足用户的个性化需求。互联网金融行业也不例外，不断地融资使市场的格局越来越细化，促使了这个行业的完善。对于互联网金融来说，满足用户的个性化需求是促使行业洗牌的一大主要原因。

个性化的定制式营销有哪些竞争优势，又是如何促进品牌人性化的，其内容如图 4-3 所示。

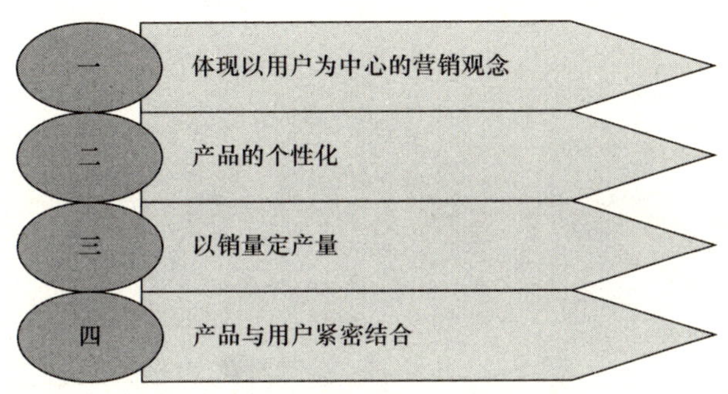

图4-3　定制式营销竞争的优势

（1）体现以用户为中心的营销观念

与其他营销方式相比，定制式营销在竞争方面有其独特的优势。定制式营销从用户的需求出发，与每一位用户都有交流，易于企业与用户建立良好的关系，并为用户开展个性化服务，用一对一的营销手法，最大程度地满足用户的个性化需求，使品牌人性化，进而形成竞争优势。

（2）产品的个性化

定制式营销就是注重产品的个性与创新。个性化的服务与经营模式能够快速打开市场，用户能以自己的需求来设计产品，品牌在用户心中也就更加人性化。

（3）以销量定产量

因为产品大量是定制的，这样就可以降低运营的成本。企业的生产以及运营都是依靠用户的需求来驱动的，根据用户的订单来采购和生产，从而使企业的产品库存最小化，进而降低企业的成本。

（4）产品与用户紧密结合

在这种定制式的情况下，企业把产品和用户的需求紧密地联系在一起。

一方面，企业不需要担心产品的库存积压，这样可以实现人性化经营。另一方面，它将满足用户的个性化需求放在企业经营的首要位置，既能给企业带来效益，又可以让用户感受到品牌的个性化。

在进行定制化营销时，形成定制优势的途径有哪些呢？其内容如图 4-4 所示。

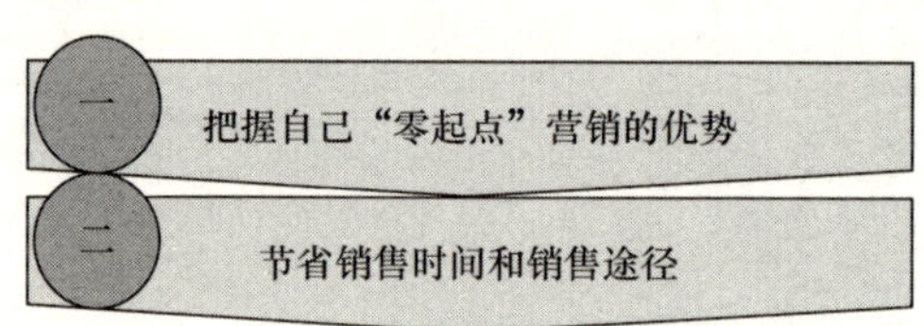

图4-4　形成定制优势的途径

（1）把握自己“零起点”营销的优势

从营销实施的起点来看，定制式营销属于“零起点”的营销方式。传统营销一般都会有一定的库存，而定制式营销基本没有货物库存；传统营销方式不利于资金的回收，而且不能保证库存不会积压，也就存在风险，而定制式营销提供的产品方便快捷，能减少用户购买的不确定性，在降低销售风险的同时还能让用户感觉到企业服务的人性化。

（2）节省销售时间和销售途径

因为定制式营销在用户需求量不多时就能立即满足用户的需求，就意味着企业不需要其他途径来吸引用户，还能节省在销售产品时浪费的大量时间。因为“定制”和“个性”就足以成为吸引用户的原因。另外，这种完全符合用户需求的产品还可以成为品牌人性化的保障。

4.2.6　高尚的道德

高尚的道德品质也能触动消费者的情感。如果企业能赋予产品以高尚的道德标签，就能打造人性化的品牌。

招商银行曾经有一则 H5 广告《世界再大，大不过一盘番茄炒蛋》在深夜刷屏，引起了广大网友极大的关注和热议。这是招商银行打的一手温情牌，目的是为了推广留学生信用卡。

这则广告讲述了一位中国留学生准备做一盘番茄炒蛋给外国朋友分享，却不知道是先放番茄，还是先放鸡蛋，于是与在中国的父母联系。美国与中国有 12 小时的时差，父母深夜在厨房与他视频联系，教他做番茄炒蛋。最终，他的番茄炒蛋获得了同学的一致好评。

这则广告当天的微信指数达 2445 万，许多人表示“温情的广告依然最动人，看哭了，给满分”。招商银行的这则广告引起了远在异国的留学生群体的共鸣，成功地把“亲情”二字与品牌形象融合在一起。

4.3 如何让消费者主动靠近品牌

消费者会主动靠近品牌，主要原因就是受到了感情的驱使。产品在某一情感点上吸引了消费者，消费者自然会更加深入地了解品牌。

4.3.1 一点当典行：京东白条新玩法

2003 年曾上演过一部名为《第 8 号当铺》的电视剧，剧中可以典当任何物品的当铺给观众留下了深刻的印象。京东白条的“一点当典行”把剧中传说的当铺变为了现实。由“京城第一鬼宅”朝内 81 号改造成的“一点当典行”成为受年轻人欢迎的网红店，吸引了 1.5 万男女老少现场打卡，典当负能量，换取正能量。

“一点典当行”被评价为“有灵魂的营销”。当下，几乎所有品牌都在让品牌年轻化，而京东白条正好把握住了这一趋势，以年轻人的情感为切入点，吸引他们关注品牌。

当代年轻人面临来自社会、生活等方方面面的压力，他们渴望改变，但苦于现实中没有突破口。于是，他们喜欢上了用各种方式寻求“刺激”。

京东白条针对年轻人的这一痛点和情感需求，将神秘的朝内 81 号改造成“一点当典行”，为年轻人提供了一次真实的“改变灵魂”的体验。在沉浸式场景中，年轻人通过“典当”这种仪式把负能量“分期”丢掉，切身感受自己改变的过程。

（1）不务正业的“一点当典行”

“一点当典行”一反常态，打破传统金融理财中的当铺玩法，实行“六当、六不当”，即“金银铜铁锡一样不典，喜怒哀乐忧全部可当”。无门槛，这么新奇有趣的体验，谁不乐意参与呢？从年轻人到中年人，再到老者，现场排起了长队，异常火爆。

（2）情感连接“改变灵魂”

活动地点选得好，也能为创意加分，甚至可以成为活动传播的突破口。朝内 81 号作为传说中的鬼宅，一直有一层神秘色彩，甚至还有以此为原型的恐怖电影。“一点当典行”在这里开门营业，可以说是十足地迎合了消费者的好奇心。

整栋建筑被改造得焕然一新，一改人们印象中阴森、恐怖的氛围，反而变得很温暖治愈。

京东金融就像贴心的心理医生，把人们内心深处的各种负能量以当品的形式具象地展示出来，让人们看得见、摸得着，从而唤醒人们心里想彻底鄙弃它们的情绪。

认清这些负能量后，就要开始进行改变。典当行墙壁上挂着许多空白当票，消费者可以写上自己想要典当的内容，交给当铺掌柜，如图 4–5 所示。

图4–5 手写当票

在传播层面，“一点当典行”并没有铺天盖地宣传，而是针对喜欢新鲜事物的群体进行精准传播，通过多平台交互引爆用户的好奇心。

线下，朝阳门地铁站“一点当典行”专列引起了许多人的好奇心。大部分人都是因此赴现场体验，一些老年人就是如此。

线上，用户通过参与“我在分期负能量换好礼，请助力”活动，邀请好友帮自己赎当，大范围在朋友圈传播。联动的同时，京东金融巧妙地在其中植入产品和服务，既为平台引流，也为后期活动奠定了基础。

虽然品牌年轻化没有定式，但“一点当典行”这个案例还是体现了一些营销定律。

（1）情感 IP 连接

无论是知乎的“不知道诊所”，还是京东白条的“一点当典行”，都是通过情感 IP 与用户玩在一起，唤醒他们的情感共鸣，与其进行深入灵魂的对话。

（2）突破行业限制

消费者总是喜新厌旧。在新媒体时代，这种变化更是体现得淋漓尽致。

无论是近年的跨界风，还是故宫等传统老牌的焕新流行，都是在突破行业本身的限制，颠覆消费者的传统印象，唤起他们的好奇心，让他们主动走近品牌。

（3）构建“潮人”人设

品牌如人，没有人设的品牌很难长期存在。从“一点事务局”到“一点当典行”，京东白条都在宣传“改变”，鼓励年轻人勇敢尝试，追寻多彩青春。通过这些活动，京东白条将品牌的“潮人”人设深深地植入了消费者心中。

4.3.2 网易云音乐打造“走心”歌单

2018 年，网易云音乐曾推出新年策划——《2018 年，音乐的力量》。新年策划在 1 月 2 日正式上线，网易云音乐将首页换成新年初雪，寓意美好的期待与祝福，并结合音乐故事视频将希望与力量以音乐的形式传递给每一个人。

《2017 网易云音乐用户年度听歌报告》H5 通过展示每一位用户听歌的“足迹”，传递出网易云音乐始终陪伴用户温暖前行的主题。网易云音乐这次新年策划的每一个创意内容环环相扣，形成一个完整的闭环，最终落到每一个用户心里，引发用户的深度共鸣。

网易云音乐“下雪”的消息很快就通过社交平台传播出去，红色的主页面，雪花轻轻飘舞，既营造了新年的氛围，又凸显了网易云音乐社区的温度。用户在“下雪”的页面中“下拉”，就可以打开一支全新的品牌视频。视频用“开始”一词串起多个场景，演绎出音乐在人生中的重要作用。

视频中，一名婴儿在父亲的吉他声中停止了哭泣，在后厨忙碌的厨师逐渐陶醉在女歌手激情四射的演唱中，因为听手风琴在雨中邂逅的青年男女，等等。视频中的每个场景都是现实生活中普通人的生活情境，他们的性别不同、年龄不同、职业不同，却都被音乐的力量感染。

这个视频是对普通人日常生活的提炼。可以说，每个人都能在视频中找到自己的影子，也更容易产生切实的共鸣。视频最后的“开始，按下开始”既表示歌曲的播放键，又表示新的一年即将开始。

与普通人相关的主题让每个人都能产生共鸣，这是网易云音乐新年策划的初衷。因此，策划内容上线后，就迅速席卷了各大社交平台，引发了广泛关注。

新年策划能迅速传播，离不开网易云音乐“以产品的思路做营销”的理念。以产品的思路做营销，意思是每次营销活动都要以用户痛点为核心，品牌要努力呈现用户想看的内容，而不是想告诉用户的内容。

这次新年策划，网易云音乐洞察出用户生活中音乐的“陪伴”意义。音乐类产品最大的一个特点就是伴随性，音乐的力量也体现在陪伴之中，与每个人的生活场景相融合。

同时，网易云音乐洞察出音乐唤起共鸣的重要意义。不同的人对音乐有不同的理解，音乐有多元的意义。街角相遇的年轻男女因为音乐忘记雨，夜晚归家的白领开始享受与音乐的独处……这些场景能使用户看见在自己的生活中音乐力量的体现，更是每一位用户与音乐的独家记忆。

另外，网易云音乐也同样洞察出新年之际音乐可以传递“情感”的重要意义。音乐作为一种媒介，最容易唤起人们的情感。而岁末年初是人们情感最丰富的时刻，对去年的不舍，对新年的展望，都聚集在人们的心头。网易云音乐在这个时刻推出如此深刻又温暖的策划内容，既能引起用户的共鸣，又让用户有好的表达情感的方式。

网易云音乐的新年策划较上一个“音乐的力量”活动策划更突出每一个普通人的情感，丰富了“音乐的力量”的内涵。这无疑更容易使用户产生情感共鸣，从而主动靠近品牌。

第 5 章
PART 5

主动问询（Ask）：多渠道提升品牌号召力

有时候销售人员好不容易和消费者拉近了关系，却不知如何绕到产品的话题上来，怕消费者听到后就吓跑了。因此，企业要多提升品牌的号召力，不要让销售人员去推销产品，而是要让消费者主动问询产品，这样才能提高成交的可能性。

5.1 占据消费者问询渠道

消费者的问询渠道主要有官网咨询、电商平台比价、向亲朋好友验证和实体店体验咨询等。企业只要占据这些问询渠道，提高品牌的影响力，消费者自然就会主动问询品牌。

5.1.1 官网咨询

官网是企业的另一张“脸”，记载了企业的发展概况和产品信息。如果消费者没有其他途径了解产品，就会先去企业官网查找信息。设计优秀的官网能充分体现企业的内涵，增加消费者的好感。而设计敷衍的官网不仅不能有效表现企业的内涵，还有可能将很多潜在消费者拒之门外。

官网是最具性价比的长期广告，企业占据这个宣传渠道，既能提高产品的销量，又有助于形成权威、专业的品牌形象。那么，企业要如何设计官网呢？

（1）需求分析

官网是企业面向大众的窗口，能展现品牌形象，以及解决用户的疑问。不过，在规划官网时，企业要根据自身所处的发展阶段进行改版。处于初创期时，企业官网需要集中展现核心业务，以及与其他企业的差异；处于成长期时，企业官网需要适当转型，着重推荐新业务；处于成熟期时，企业官网需要细化每个产品线的内容，将各种品类都做到精致，尽力呈现丰富、专业的形象。

（2）总体定位

虽然每家企业的核心业务不同，但官网的总体设计都是由 slogan、核心业务、优势、产品介绍、企业简介等信息组成。所以，企业就要在优化视觉表现、突出营销业务、丰富产品线等方面优化官网。以下是设计官网的具体步骤。

（1）风格确定

官网的风格需要根据品牌的调性来确定，既能呈现品牌形象，又能强化产品的优势。例如，Adobe 的官网以黑色为主，并辅以简单的图片拼接，低调又吸引眼球。苹果官网秉承着“less is more”的简约风，以黑白灰为基础色调，搭配简单的宽屏高清图，传递出优雅、极致、禅式的品牌理念，营造出高级的用户体验。

（2）框架搭建

官网的所有功能可以分解为以下关键词：首页、营销、广告管理平台、数据管理平台、供应方平台、广告交易平台、软件产品、解决方案、实验室、企业介绍、优秀案例、企业新闻。在官网设计中，如果每个功能都突出，就相当于没有重点。无印良品的官网设计就很“克制”，用体验和细节打动用户。也就是说，官网设计不能一味地横向扩充，还需要纵向增强层次感。

综上所述，官网设计要突出营销和产品线，可以把营销单独作为一个板块，放在首页之后，而企业简介可以放在最后。然后，根据关键词的属性分类，把 DSP、DMP、ADX、SSP 分在数字营销产品类，把 Labs 归入软件产品类，把案例归入营销推广服务下。官网的框架如图 5-1 所示。

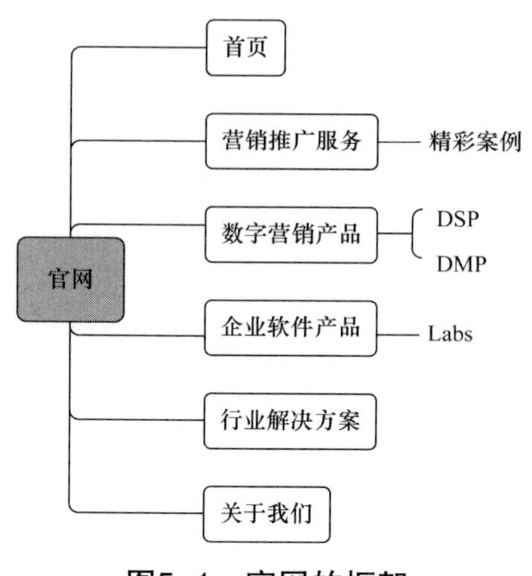

图5-1 官网的框架

（3）核心页面设计

首页设计主要展现企业的愿景和业务、产品的定位等，使用户形成顶层的感受。首页是对官网各个菜单功能的概述，并为用户提供目录式的指引。

营销推广服务是企业的核心业务模块，展示推广服务涵盖的范围和优势。营销广告涉及的对象需要分成不同的页面进行阐述，即媒体、人群、运营、案例等，以便对用户深入阐释每个对象的优势。每个页面要具有统一性，因此，各个功能模块的标题、文案、附带图片的格式要大致相似。

5.1.2 电商平台比价

网购已是我国大多数人日常购物的形式。据统计，我国全年网购交易的规模高达 6.1 万亿元，其中移动端达 4.9 万亿元。由此可以推断，越来越多的人倾向于在移动端进行网购。

而且，相比线下购物，线上网购的商品种类众多，消费者能用低价买到与线下相同的商品。因此，消费者在搜索商品时经常会选择使用电商平台进行比价，选出最具性价比的购买方式。那么，怎样的定价机制才能既避免恶性竞争，又足以吸引消费者呢？

大数据时代，产品的价格是动态变化的，如果单纯用人力去调整价格，会带来很高的成本。因此，企业就要引入自动定价机制。

为了争取用户的注意，打击竞争对手，亚马逊的调价系统曾将一本《圣经》的价格调整了数十次。Camelcamelcamel 的数据显示，自 2010 年以来在 Google 上搜索“圣经”，其最高售价为 16.99 美元，最低为 8.49 美元。而这些决策都是由计算机根据搜索数据自动制定的。

在没有损失量的情况下，产品的价格每上涨 1%，企业的利润就会增长 8.7%。可见，正确的定价对企业的利润有很大的影响。传统的定价方法是企业只根据简单的因素来定价，如产品的生产成本、标准利润、竞品价格以及批量折扣等。优秀的企业还会把影响价格的具体信息考虑在内。例如，其他各种竞争产品的成本以及它们在消费者心中的价值，找到最能吸引消费者的价格。对于产品种类少的企业而言，这种定价方法很适用；但对于那些产品种类众多的企业，这种人工定价的方法就显得有些捉襟见肘了。

传统的定价方法会依赖经验、市场价格等主观因素制定价格，这种定价方法只会有两个结果：一是消费者认为价格太高，不想购买；二是价格定得太低，企业利润受损。大数据时代，企业可以获取海量的数据，这些数据为企业提供了一个更好的定价机会，相对于传统的定价方法也更科学，更适应市场的变化。然而，从海量的数据中分析最佳定价并不是一件简单的事情，作为数据来源的用户接触点的数量会在这个过程中不断增多。在这种情况下，增加利润空间的秘诀就是完全明确企业现在使用的数据，然后利用大数据并根据产品的层次为产品找到最佳定价。

想制定更合适的价格，获得足够精细的数据是必不可少的。为了获得足够精细的数据，企业要做好以下四项工作，如图 5-2 所示。

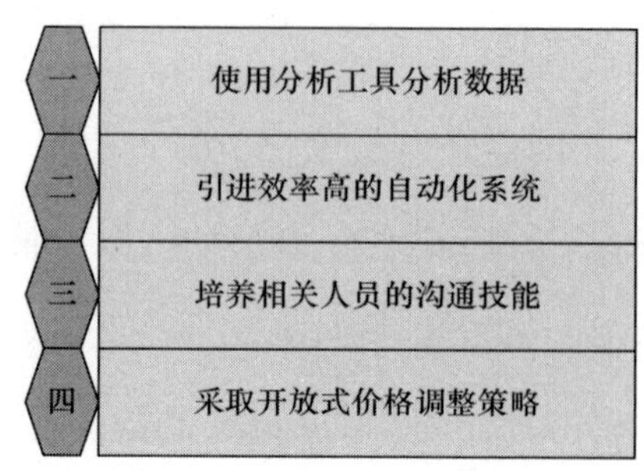

图5-2　企业获得足够精细的数据需要做的四项工作

（1）使用分析工具分析数据

很多企业都有自己庞大的数据库，因此，现在制定合理的价格已经不成问题。企业面临的关键问题是分析数据，利用数据推动价格决策。这时企业可以利用分析工具确定经常被忽视的因素，如产品偏好、销售代表的洽谈以及宏观的经济形势等，然后根据这些因素确定每个客户群希望的产品价格。

（2）引进效率高的自动化系统

人工分析海量的大数据，实在是太耗费时间和财力了。随着大数据分析技术越来越先进，可以实现自动化分析。企业要引进效率高的自动化系统，简化分析工作。另外，自动化系统还能识别狭小的客户群，确定每个客户群的价值，并与历史交易数据进行比较，从而为产品群和客户群制定有针对性的价格。

（3）培养相关人员的沟通技能

根据大数据制定新的价格之后，不仅会给运营人员带来挑战，还会在沟通方面给相关人员带来挑战。成功的企业会深思熟虑改革计划，帮助销售团队了解新的定价方法，以及这套价格体系是如何运作的。这样，销售人员在销售产品或服务时才能更容易说服消费者。

为了让销售人员充分了解制定的价格决策，企业最好制定一套明确、清晰的沟通方法，着重突出产品或服务价值，然后针对具体消费者给出相应的理由。此外，对销售人员进行全面的洽谈培训也至关重要，这能让他们获得信心，与消费者面对面交流时才能拿出颇有说服力的理由。

（4）采取开放式价格调整策略

销售人员作为与消费者直接接触的一线人员，他们对价格的分析是最贴近消费者的。因此，企业要将定价权力下放给销售团队，让他们在一定范围内可以自行调整价格，而不是依赖统一的定价。当然，这种开放式的调整要针对特定的消费者采取特定的定价策略，而且在改变定价策略和绩效衡量标准的同时可能还要改变激励机制。

制定合适的价格，不仅要着眼于简单的定价，还应考虑企业的其他方面。以动态交易评分（Dynamic Deal Scoring）为例，它提供了单笔交易层面的价格指导，还提供了决策逐级上报点、激励机制、绩效评分以及其他更多方面的指导。

现在很多企业都利用大数据重新制定了产品价格，也取得了不错的收益。例如，欧洲的一家建材公司利用大数据为几种产品制定合适的价格后，利润增幅高达 20%。

在运用大数据自动定价时，企业还要把控好定价方向，如图 5-3 所示。

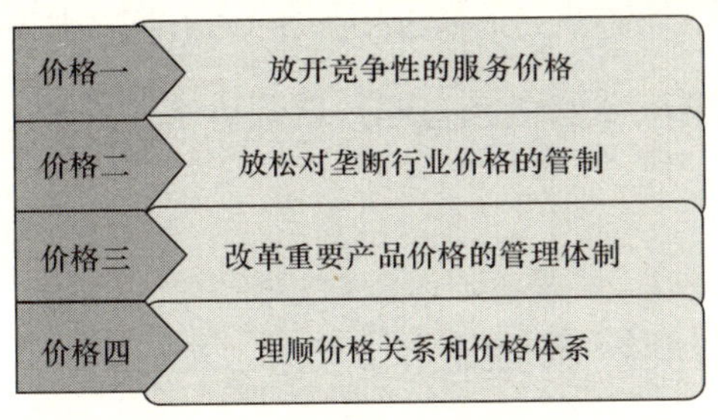

图5-3 企业在定价时要把控的方向

（1）放开竞争性的服务价格

国务院有关定价部门规定，除了交通运输、邮政电信、金融结算等交易服务基于标准价格的浮动价格，以及医疗价格、药品价格都依照法律规定不得超出市场的状况定价，其余产品的价格可以由市场自行调节。

（2）放松对垄断行业价格的管制

我国目前的垄断行业都是来自对资金的需求。20 世纪 80 年代中期，基础产业和垄断行业成为我国经济发展的瓶颈，依靠政府的投资已经无法满足市场增长的需求。为了解决供给不足的问题，吸引社会资金、放松价格的管制成为这一时期合乎逻辑的政策。

（3）改革重要产品价格的管理体制

对市场上一般服务的机制，放开价格由市场自行调节，采取灵活多样的形式。在价格自动调节的同时，企业还要处理好自身与消费者之间的关系。

（4）理顺价格关系和价格体系

企业在自动化营销中除了放开具有竞争性价格的产品之外，还要根据政府管制的价格和自动调节的价格进行升降调整。产品的价格由市场价格、政府定价和政府指导价三种形式组成。现在市场价格的比例逐渐增大，所以企业对市场价格变动的认识也要有所增强。还有垄断行业对产品价格的打破，也需要企业在自动调节价格时注意。

企业只有紧跟市场的步伐，把握定价的大方向，按照消费者的需求灵活地调整定价，形成最符合消费者心理预期的价格，这样才能在消费者比价时凸显自身的竞争力。

5.1.3 向亲朋好友验证

面对一种陌生的产品，消费者常用的验证方法就是向亲朋好友验证，因为人对朋友会有一种天然的信任感。因此，企业可以占据朋友圈进行营销，以增加消费者的信任感。

因为用户可以直接评价朋友圈的信息，所以，企业发在朋友圈的信息不能有过重的营销痕迹，要缓步经营，刷屏或者发布无意义的广告都可能被用户直接拉黑。另外，企业还可以利用分享优惠的形式，让已购买的用户为产品做宣传，会更有说服力。

内容上，企业可以通过发布高质量的文章，建立起自己在用户心中权威的形象，以增加用户对产品的认知。

时间上，企业要抓住黄金时间段。例如，早上 7：00 — 8：00 是大家上班通勤的时间，可能会在路上浏览朋友圈的信息；中午 12：00 — 13：00 是大家午休的时间，也会有很多人刷朋友圈；晚上 9：00 — 10：00 是大部分人放松休闲的时间，看朋友圈的人也会多起来。

频率上，企业发布信息不能太过频繁，否则会造成“刷屏”，惹人厌烦。但如果只是偶尔让用户看到信息，则会增加用户浏览的概率。因此，每天发布 4 ~ 6 条信息是比较合适的。

关于朋友圈的维护，企业首先不能有刷屏广告，这是最容易让用户拉黑的错误做法；其次，发布的信息内容要适中，不能发布过于敏感或容易引人误会的话题。

5.1.4　实体店体验咨询

在这个注重消费体验的时代，设置消费体验场景，让用户深入体验产品，也是众多企业吸引用户的一个重要手段。越是在大型企业中，这种表现就越明显。当企业为用户提供服务时，用户的参与、体验、互动越来越重要。因为只有这样，企业才知道什么样的服务适合什么样的用户。

如果想让用户快速做出决策，企业就要不断影响他们购买时的决心。实体店体验是用户了解产品的一个重要渠道，也是企业做产品体验的重要渠道。

企业要占据这个渠道，让用户深度了解产品，从而促使用户主动询问产品。

以苹果平板电脑为例，苹果公司的产品设计师通过人性化的设置，让一台平板电脑能在不同的场景下带来不同的体验感受。

在家里使用 iPad 时，我们一般会选择更放松的体验姿态：躺卧在床上或沙发上，将 iPad 靠放在身上或腿上，单手扶住。在这样的姿态下，我们的眼睛一定是看向屏幕中心的位置，很适合单手操作和保持重心。如果是在阅读电子书，那么需要的动作就会更少。所以，iPad 的操作设置都是放在靠边缘的位置，这样可以起到弱化操作设备的感觉，使阅读的体验更加流畅。

在地铁或公交车上使用 iPad 时，我们大部分时间都是处于站姿。而 iPad 比较大，不适合长时间单手操作。此时，我们应该双手托握，而屏幕上的交互设置一般都是靠近双手捏拿的区域，这样方便操作。

在户外时，太阳的光线比较强烈，屏幕会有自动调节光线的设置，让用户得到更好的视觉体验。

苹果的线下体验店都非常舒适，而且具有科技感，这些生活中常见的场景都能在店里体验到。用户自身对产品的感受胜过任何宣传，他们会觉得是自己想要购买产品，而不是被企业“忽悠”。

大家一直说苹果改变了世界，而这种改变不是苹果的科技，而是苹果给体验者的无与伦比的感受。苹果能成为全球最大的上市企业和全球手机的领头人，也与其注重体验者的感受不无关系。

越是优秀的企业，越是注重产品的人性化和用户的体验效果。原因很简单，在市场竞争日益激烈的今天，技术的差别越来越小，在产品质量有了一定保障后，品种也越来越丰富，用户体验也就成了产品创新，这是自家产品与其他企业产品建立差异的关键。

用户体验与品牌的口碑是相联系的，线下体验可以让用户直接接触产品，建立对产品的印象。这比任何营销宣传或咨询都有效；如果用户觉得产品符合自己的心意，可能会立即决定购买。

与传统营销相比，这种体验式营销更开放，更人性化。因为用户由被动性地接受信息或服务变为主动接受信息或服务，用户也由被“浸入”式放到一个服务区，变为在服务区环境中主动“吸收”信息，如图 5–4 所示。

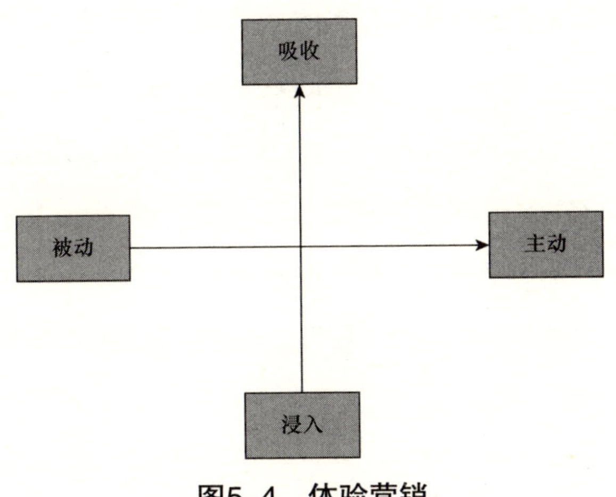

图5–4　体验营销

体验营销要因时、因地展开，因为在不同的场景下会有不同的体验方式，如图 5–5 所示。

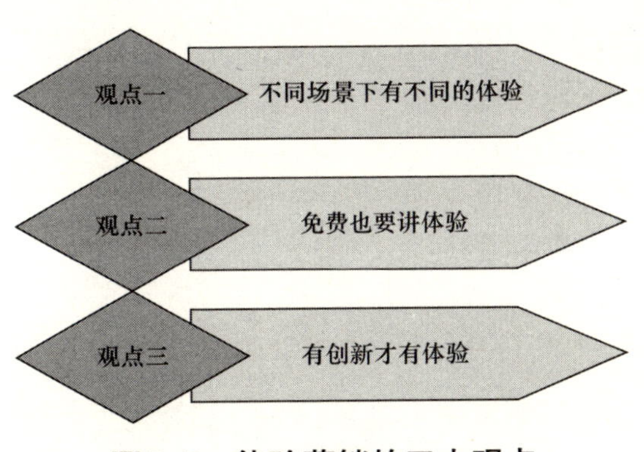

图5–5　体验营销的三大观点

（1）不同场景下有不同的体验

如何设计一个让用户满意的体验效果？用户能够感知的东西，有时企业不一定能够感知到，每一个细节都会影响用户体验。用户的需求不同，所以在同一场景下的体验感受也不尽相同。例如，同样是咖啡屋，配置了不一样的装饰与设计，用户就有不同的感受。

（2）免费也要讲体验

企业之所以提供免费的服务，本质是希望吸引更多的用户。这时企业也要注意用户的感受，不能因为是免费的服务就草草应付用户，否则这个免费服务就只能产生适得其反的效果。

（3）有创新才有体验

如果企业提供的产品或服务被人们熟知或使用过，那么这种体验就不再是体验，而只是功能的一般展现。所以，体验要有创新，才能给人以不同的感受。

5.2 快速匹配用户偏好

快速匹配用户偏好也是提升品牌号召力的一种方法。用户购买产品通常是源于自身的需求，如果产品恰好能满足这个需求，自然就会受到用户的青睐。

5.2.1 找准关键词

在电视剧《猎场》中，胡歌所扮演的角色曾说过："SEO 就是优化网络工程师，能让公司在搜索引擎上排名优先，甚至进入首屏。"总之，搜索引擎优化能帮助网站获得更多流量，从而达成网站销售及品牌建设的预期目标。

关键词的优化是搜索引擎优化的一个较重要的环节，需要贯穿搜索引擎优化的始终。关键词是指输入搜索框的词、词组和短语，以此为索引，通过搜索引擎来查找信息。用户通过这些关键词找到产品，做出选择。因此，产品的关键词设置得越符合用户偏好，就越能让用户精准地找到产品。那么，企业应该如何选择关键词呢？

第一，企业要分析自身的核心用户群体，即描绘用户画像。例如，家政行业中用户的搜索多以“保姆”“维修”“搬家”“保洁”等词语为主，而不会直接搜索“家政”两个字。

第二，企业要分析用户终端的设备。区别于 PC 端搜索，手机的操作系统会影响用户的搜索习惯，所以企业要尽可能地选择短词以及搜索指数比较高的词。

第三，企业要充分研究自己的竞争对手，看哪些是能够模仿或超越的，哪些是要避免竞争的。例如，关键词“外卖”已经被“美团”“饿了么”等行业的领头羊霸占了，布局的意义不大。

第四，企业要注重关键词分析工具的使用，如百度指数、微信指数以及 Google 关键词工具等。

关键词的优化策略除了要在选择上做优化，还要在布局以及提升权重上下功夫。

（1）关键词的布局

关键词合理布局涉及关键词布局的位置和密度。关键词布局可以从网站 URL、页面标题、文章内容、图片 alt 等位置细分布局。关键词合理分布在对应的位置上，可以让用户更快地找到自己需要的内容。

（2）提升关键词权重

关键词布局好后，企业如果想让大量关键词获得较大权重，仅仅依靠主站的权重继承是难以实现的。因此，企业需要对单个关键词进行优化操作。

5.2.2 引导用户深度了解

传统营销的逻辑是先做推广，打响品牌的知名度，然后缩小范围，锁定群体，建立用户的忠诚度。这属于“大面积撒网重点捕鱼式”的打法，其应用效果在互联网初期很好，而发展到后期成本逐渐变高。

精准营销是指企业通过数据收集、数据分析、营销布局及其他可执行的方法，获得更精准、可衡量的营销结果。精准营销在降低宣传成本、提高知名度、占领更多市场资源、强化顾客消费黏性、打通价值链等方面具有极大的优势。利用这种方法，企业可以引导用户逐渐了解产品，让用户自发地为品牌打响知名度。

最开始时，电商巨头亚马逊只在网上销售书籍。后来，其负责人发现，在 A 地有几个消费者购买了同类型的几本书籍，B 地的消费者也存在同样的情况。这说明，A 和 B 两个地方有相同的消费群体，他们之间的兴趣爱好是相近的。于是，负责人开始进行数据分析，并根据数据分析的结果划分消费人群。例如，某位消费者浏览了两本畅销的文学类作品，最后加入购物车完成下单。亚马逊就会根据他的购买和浏览行为，再结合大数据分析，预测他还会买哪些同类型的书，然后把这些书做成排行推荐给他。通过这种精准推荐，亚马逊的年销售额增长了 30%。这就是通过精准营销引导用户了解产品的经典案例。

全球最大的零售商——西班牙快速时尚品牌 ZARA 也是一个非常经典的案例。通常情况下，企业会通过用户的消费习惯、消费记录、消费频率等数据对其进行偏好分析，但 ZARA 所做的不止如此。除了上述常见的数据之外，ZARA 还会收集门店经理与用户的谈话内容，并从中总结用户的喜好。这样一来，企业在设计新产品和对产品进行调整时就可以以这些信息作为有力依据。

当然，ZARA 之所以能够如此精准地预测用户的喜好，不仅是因为采取了上述策略，还有更深层次的原因，即大数据与自动化程序的结合。原来，在全球资讯网络的支持下，ZARA 记录了销售出去的每一件产品的价格、时段、部门等数据，然后由自动化程序对这些数据进行分析，总结用户的喜好。

另外，值得一提的是通过大数据与自动化程序的结合，ZARA 的新品推出速度有了非常明显的提高，最快 3 天就能推出一件新品。除此以外，ZARA 的产品也受到了越来越多用户的喜爱和追捧。很显然，在未来的时尚圈，除了基本的设计能力，资讯、数据将成为更重要的隐形战场。

ZARA 用大数据和精准营销确定了用户的喜好，企业根据这些信息逐步引导用户了解产品，让他们根据自己的意志做出决策并选择产品，而不是用铺天盖地的营销广告和营销人员的劝说迫使他们选择产品。这样的方式更容易建立产品的口碑，如果产品质量足够好，用户甚至会自发地分享自己的使用体验，为品牌做宣传。

5.3 唤醒用户的传播力

用户从接近产品的那一刻开始就带有或模糊或清晰的目的，这是用户主动问询的原因。然而，只是吸引用户主动问询还远远不够，企业只有刺激用户主动传播品牌，才能最终扩大品牌的影响力，从而吸引源源不断的用户问询。

5.3.1 如何引发用户主动传播

如今的流量争夺战导致营销成本越来越高，以往那种靠大量做广告制造声势、吸引用户的方法已经不可取了。在消费主权时代，产品营销应该都以用户为中心。用户主动传播带来的影响力是企业做多少硬广告都无法比拟的。

大多数企业刺激用户主动传播的方式就是福利诱导。然而，送福利这种事本身并不长久，企业花大价钱抢来的用户不仅不能确定他们的精准性，还不能保证他们的留存率。那么，如果放弃了福利诱导这个抓手，企业还有什么方法刺激用户主动传播呢？

电影《小猪佩奇过大年》的宣传片讲述了一位农村老人听说儿子一家要回家过年，但孙子说想要“佩奇”，于是开启了寻找“佩奇”之旅。短片中的老人产生了各种误会，在历经一番波折后一家团聚，拿出了自己为孙子准备的粉红色鼓风机版的小猪佩奇。短片在最后点题，“过年一定要看《小猪佩奇过大年》”。

这个短片引起了网友在社交平台“刷屏”，纷纷表示明明知道是广告，却还是被感动哭了。这是因为该短片紧贴“亲情”的主题，在春节期间引起了人们广泛的共鸣，让观众产生情感认同，从而主动分享心得体会。

在没有社交媒体的年代，也有许多产品被大众口口相传。这说明流行的事物都带有一些让人主动传播的因素，只要把它们提炼出来，产品引起用户主动传播的概率就会大大提升。

（1）社交货币

沃顿商学院教授乔纳·伯杰在《疯传》中是这样解释社交货币的：“就像人们使用货币购买到产品或服务一样，使用社交货币能够获得家人、朋友和同事的更多好评和更积极的印象。如果产品和思想能使人们看起来更优秀、更潇洒、更爽朗，那么这些产品和思想自然会变成社交货币。”

简单地讲，如果产品能满足人们建立形象和炫耀身份的需求，那么它就会成为社交货币，被人们主动传播。有三种方式可以铸造社交货币，如图

5-6 所示。

图5-6　铸造社交货币的三种方式

① 强化事物本身的吸引力

一件产品要想让人们记住并主动传播，就必须具有自己独特的吸引力，要让人眼前一亮，打破人们的思维定势。例如，戴森卷发棒不同于传统的卷发棒，它既可以自动卷住头发定型，又有气流可以同时吹干头发。其一经推出就受到了广大爱美人士的追捧，主动将这个“黑科技”抛到社交平台上。

② 设计游戏机制

“王者荣耀”这款游戏为什么会受到大家的欢迎？是什么动力让很多老玩家可以持续地玩呢？原因就在于游戏规则的设计，排位、新皮肤等机制可以证明玩家在游戏中取得的成就。这为玩家提供了在朋友圈炫耀的资本，使他们可以达到炫耀自己身份的目的。

③ 增加稀缺性和专属感

如果一件产品很难买到，用户就会认为这件产品拥有很高的市场价值，从而激烈地争抢。同时，如果自己买到了一件，就可能会更积极地将信息传播出去，让自己显得更优秀。

（2）高唤醒情绪

在构思营销内容时，营销人员常会遵循一个叫作“引发用户共鸣”的原则。因为情感认同更容易激发人们分享的欲望，从而把产品变成自己的谈资。

情绪分为积极情绪和消极情绪。在这两种情绪中，有些会增强人们分享的欲望，有些则会破坏人们分享的欲望。判断一种情绪是否会带来分享欲望，主要看这种情绪是否具有唤醒效果。唤醒效果是指一种情绪有没有唤醒人们内心中某种情感的作用。因此，营销人员可以把用户情绪分为高唤醒情绪和低唤醒情绪。高唤醒情绪包括敬畏、幽默、担忧、感动、惊喜等，这种情绪可以引发用户主动传播；低唤醒情绪包括满足、轻松、平静、寂寥等，这种情绪很难引发用户主动传播。

周杰伦发布的歌曲《说好不哭》刺激了许多“80 后”“90 后”用户的高唤醒情绪，如感动、兴奋等。于是，他们不约而同地在朋友圈发表自己对歌曲的感悟，帮助这首歌在上线后仅 2 个小时就突破了千万元销售额。

（3）可视的事物

当你来到一个陌生的地方，想找一家餐厅就餐却不知道如何抉择时，一般都是直接选择一家人气兴旺、大排长龙的餐厅，这种现象被称为“社会证明”。人们在日常生活中的很多决定都是模仿别人而做出的，因为别人掌握着自己不知道的信息，所以他们的行为可以作为参考。

可视的事物更容易激发大家行动的欲望。有两种方法可以让事物具备可视性：一是将私人信息公开，为其他人的选择提供一个公开的标准；二是创造行为剩余，让他人主动模仿自己的行为。

近年来出现了许多网红景点。当有人在朋友圈分享重庆穿楼而过的轻轨奇观时，无数旅游爱好者纷纷前去打卡；当你在抖音看到大家排队喝摔碗酒时，你也会体验一下喝完酒把碗摔碎的快感。这些网红景点大部分都已存在很长时间，但社交媒体让它们具备了更强的可视性，才引发了人们的效仿和传播。

5.3.2 OPPO 如何玩转悬念营销

2019 年 3 月 11 日，OPPO 公司副总裁沈义人在微博上发布了一张图片，并配文“Reno，和大家打个招呼吧！ #OPPO 全新 Reno# ”，如图 5-7 所示。

图5-7 沈义人在微博上发布的图片

Reno 是 OPPO 将推出的新产品，还是新品牌？一时之间评论区的猜测不断，网友们众说纷纭。为了回应网友们的疑惑，OPPO 官微转发了老板的微博，并解释说 Reno 是 OPPO 将推出的新系列产品的名称，并正式宣布新产品发布会定于 4 月 10 日举行，转发微博就可能获得全球首台 Reno。基于活动奖品的诱惑，官方微博收获了近 4 万次转发。此外，OPPO 校园 、Color OS 等 OPPO 认证号也开始转发抽奖送 Reno 的活动信息，OPPO 新产品即将上市的消息很快传播开来。

OPPO 新产品上市的消息主要关联了科技大 V 和 OPPO 官方号，但网友又发现这条消息还关联了为什么美术馆、CAN museum 这些艺术大 V。这是因为 OPPO 邀请了设计师为 Reno 创作插画，如图 5–8 所示。

图5–8 OPPO邀请设计师为Reno创作的插画

苹果公司在每年 9 月开新品发布会时都会发出邀请函，这些邀请函都极具设计感，曾经引起了网友的热议。同样，Reno 的插画也让许多网友猜测 OPPO 是不是要放大招、推出高端系列了。

虽然 OPPO 放出了关于新产品的各种信息，但对新产品的具体功能还是捂得严严实实。不过，因为有抽奖，后又有插画，人们并不厌烦这样“吊胃口”的悬念营销，反而更期待 Reno 的上市了。

OPPO 作为国产手机四大厂之一，推出新系列肯定会影响当前手机行业的格局，这其实也体现了 OPPO 的“野心”。在手机市场日渐饱和的今天，完善产品线、致力于细分市场成为手机企业发展的新趋势。而头部企业的“集团军作战”，一方面会加速圈地的脚步，另一方面会对其他品牌产生更大的压力。

OPPO 新系列 Reno 不仅具备旗舰机的价格，还拥有更普适的功能利益点，能满足用户的刚性需求。新系列 Reno 颠覆了此前 OPPO 仅注重营销的缺陷，重塑了品牌的科技和创新形象。同时，这也意味着 OPPO 的产品会搭载更多硬核科技，逐步向高端化迈进。

沈义人的第一条宣传微博并未直接说明 Reno 是什么，在宣传初期给许多人造成了误解，导致官方微博主动解释 Reno 是 OPPO 的新产品系列。OPPO 是几家会营销的手机企业之一，这样设置悬念后自己来解释的操作让 OPPO Reno 系列得到了持续的关注。不管是系列名称的读音，还是后来官方推出的抽奖活动和插画，都成了网友的争议点。这些争议一直持续到 4 月 OPPO Reno 的新品发布会，可谓赚足了眼球。

第 6 章
PART 6

诱导行动（Action）：瞄准链路营销节点，驱动实时购买

产品销售离不开产品上乘的质量、合理的价格。但是，产品只有质量还不够。有些产品质量好，却依旧没有市场，这是由于产品的营销手段贫乏，墨守成规，导致销售结果暗淡。因此，企业可以用一些“小手段”刺激用户的情绪，引导其购买产品。高性价比、情感共鸣、专业背书等因素都可以成为用户行动的原因。

6.1 圈定让用户心动的价格

虽然品牌形象、产品质量、售后服务等都可以成为影响用户购买的因素，但产品价格是直接影响用户购买的因素。如果两种产品的其他因素相同，用户一般都会选择价格比较低的那一种。因此，圈定让用户心动的价格是引导用户购买行为的最简单的方法。

6.1.1 性价比高的产品更得人心

性价比实际上是用户的一种心理感受，没有人会深究产品是否真正大幅降价，只要看起来很合适就可以了。例如，淘宝每年“双十一”的满减活动，很多用户都是为凑单而额外购买了一些自己原本不需要的产品。

美国的 Netflix 是一家电视制作公司，其有一部非常著名的系列电视剧《纸牌屋》。Netflix 最早的业务是出租 DVD，但这种方式的用户增长非常缓慢。所以，Netflix 后来调整了商业模式，用户不再需要为每次租赁 DVD 而付费，只需每年付 7.99 美元就可以在 Netflix 平台上观看近 10 万部电影。这一改变为 Netflix 增加了大量的用户。到目前为止，Netflix 的全球用户已经接近 3000 万人，其市值也逼近了 2000 亿美元。

在这种模式下，用户只需一次性支付费用就可以享受全部的产品内容。除了 Netflix，现在很多企业都采用过这种付费方式。对于用户来说，付出一定的成本就可以享受更多的产品；对于企业来说，边际成本逐渐降低，一方面可以获得可观的收入，另一方面也增强了用户黏性，为企业的产品带来了更多的消费可能。

这是提高产品性价比常用的一种方式。例如，人们都认为自助餐比点餐合适，因为自助餐增加了自己享受到更多食物的可能性，从而产生一种性价比高的心理。每个人都会有“占便宜”的心态，针对这种心态，企业只需让用户感觉自己花同样的价钱可以获得更多的产品或服务，就能增加产品的性价比。对于企业来说，这种打包出售或一次性付费的方式，实际上是降低了销售的难度，解决了用户个性化的问题，用标准化的方式满足了用户个性化的需求，还能为产品打上“性价比高”的标签。

近几年，知识付费领域经常使用一次性付费或赠品优惠的方式。例如，一个英语课程的月会员要 30 元，而年会员只需 99 元。所以，基本上所有用户都会选择 99 元的课程，不管自己是否需要长时间的英语课程，甚至有些持观望态度的用户也会被这样大的优惠吸引。

再如，知乎上只需支付 258 元，就可以一次性地购买知乎 live、知乎的思想课以及其他书籍，这对于很多用户来说都是一件非常便利的事情。但对于知乎来说，它已经提前锁定了用户，然后通过这样的方式提前为企业回笼大量资金，支持企业其他方面的发展。而且，充足的资金也能保证企业的长久发展。

6.1.2　价格的竞争力需要因人而异

传统营销常用看人定价的方式来保持价格的竞争力。例如，菜市场的小贩都是看人喊价：如果顾客看上去不常买菜，小贩就会把价格喊得高点；如果顾客看上去是经常买菜的家庭主妇，小贩就会把价格说得合适点。而这种传统的看人定价有价格歧视的意味，不仅不能使企业持续获利，还会造成严重的负面影响。因此，要想制定有竞争力的价格并实现利润最大化，企业应该共赢地进行因人而异的定价。

近几年，即使二三线城市的菜市场也开始明码标价了。然而，其并不是不看人定价，只是用了另一种方式，不仅能获得高利润，还不会让消费者产生被欺骗的感觉。小贩们一般是把同种菜分为优质、一等、一般品，然后分别标价。这其实也是一种因人而异的定价方法，却不会让消费者反感。下面介绍五种因人而异的定价方案。

（1）通过“用户劳动”定价

传统的“看人定价”只是浮于表层。消费者花 4 元买到别人花 1 元就能买到的白菜，肯定会很不高兴。而且，这种价格策略，消费者稍一打听就能发现，进而会对企业产生强烈的厌恶感。

那么，企业要如何既提高利润，同时又能照顾到不同层次的消费者呢？对此，企业可以让享受低价的消费者付出一定的用户劳动。这样，原价购买的消费者就心理平衡了，而且企业也可以提高盈利。

例如，基于“用户劳动”理论的爱抢购 App，用户想买某一件产品，但是觉得价格太贵，于是他可以邀请朋友来帮助自己砍价，以低价格购买产品，企业也因此获得了免费广告。而用户 B 不在意产品的价格，并且认为邀请朋友砍价浪费时间，于是他原价下单购买，企业就因此获得了原价的高利润。

这样通过“用户劳动”因人而异地制定价格，使企业总体上能获得较高的盈利。而且，对价格敏感的用户低价购买了产品，不在乎价格的用户自愿原价购买产品，实现了三方共赢。这样的方式让同一种产品因为不同的“用户劳动”，针对不同支付能力的用户形成了多种价格，实现了真正的“看人定价”。

再如，一家商店的滑板鞋卖 399 元。后来，店家想引进流量，于是把价格降到了 299 元。但商家没有直接降价，而是推出了一个“集赞”的活动，消费者只有在朋友圈发布产品的宣传信息并获得 50 个赞，才能获得优惠资格。这样，通过“用户劳动”把无偿降价变成了有偿降价，把不同人不同的价格变成了顺其自然，消除了因人而异定价的负面影响。

（2）通过“释放机会”定价

直接地“看人定价”虽然方便，但对企业造成的负面影响太大，不利于企业的长期发展。所以，企业需要释放机会制造低价，留住对价格敏感的消费群体。这样，那些用原价购买产品的消费者也不会有太大的意见，因为他们能免去烦琐的精打细算，更便捷地购买产品。

太频繁的促销反而会让消费者没有什么“便宜”感觉，而最有效的促销就是在特定的时间优惠，刺激那些对价格敏感的消费者，这种偶尔的火爆能成为企业最好的宣传。例如，一家奶茶店的经典奶茶平日售价 20 元，而每周六特价只卖 10 元，这就是“释放时机”定价。一些对价格敏感的消费者可能只会等到周六再品尝奶茶，这样会造成奶茶店在周六异常火爆，于是就能起到为奶茶店做宣传的效果。另外，那些对价格不敏感的消费者会立即购买，也不会因为价格不同而感觉受到了欺骗。

超市常会在居民区发“促销报”，上面的字一般都很大，布满了商品促销信息。这就是超市在“释放机会”给老年人，让他们不要去楼下的小超市买日用品，而是等待时机去超市购买更便宜的商品。而每天忙碌的年轻人虽然知道超市在某一时间会打折促销，但是通常不会等到具体的某一个时间去超市，因为他们不像老年人那样有特别充裕的时间，所以只能选择以原价购买，对此也不会有什么怨言。而像耐克这些品牌产品的价格都是全国统一的，如果店铺想用低价拉新，就很容易得罪老客户。因此，“释放时机”降价是最好的选择，如买二送一、店庆日、年关大促等，这样既不会得罪老顾客，又能为产品造势。

（3）通过“先后秩序”定价

任何事情都有先后顺序，这是根植于人们意识中的普遍规则。因此，企业可以根据产品的先后发售时间来因人而异地定价。例如，手机产品的新品发售就是这个道理，预售期间售价为 4000 元，开售 1 个月后价格为 3600 元，而半年后价格为 3000 元。

这里的道理很简单：消费者付款的时间越早，就越能尽早地享用产品或服务。所以，先付款的消费者不仅为产品付了款，还为时间付了款。这种方式也不容易引起消费者的反感，因为“产品越新就越贵”几乎已经是大家约定俗成的共识了。

（4）通过“社会层次”定价

通过“社会层次”定价就是针对低收入群定低价，针对高收入人群定高价，然后让办理会员的人享受特价。例如，乘坐公交车，普通成年人需要 2 元，而幼儿免票，学生和老人则是 1 元，用会员卡买票则可以享受 8 折优惠。

另外，很多店铺都区分了学生等低收入群体和普通人，既能吸引学生群体为产品造势，又不会让普通消费者感到心理不平衡，因而实现了利润的最大化。

（5）通过“密集性的产品种类与层次”定价

以同样成本做出来的产品可以通过产品种类与层次来定价。例如，普通的龙虾即使在同样的环境中饲养，也会有大小、体型、品质的区别，企业可以再次对它们分门别类，按照特级品、一级品、二级品、三级品来定价。

还有网络游戏。大家玩的都是同一款游戏，如果玩家想获得更好的游戏体验，就需要充值。而充值达到的效果根据充值的金额也有不同程度的区分，例如，500 元的装备就能秒杀 10 元的装备。

三大通信运营商针对各种层次的用户推出了数百种电话套餐，不同的套餐之间有的只是一个短信包的差别。按照“密集性的产品种类与层次”定价，可以高度匹配用户，让用户把钱都花在刀刃上。

以汽车为例。同一款汽车配置不同，定价就不同，由此可以延伸出数十种“小型号”。只要用户喜欢产品的大致形象，企业就有方法满足其他细节上的要求。例如，宾利－飞驰有数十种配置，价格最高的需要 435 万元，而价格最低的只需要 278 万元。

通过“密集性的产品种类与层次”因人而异地定价，企业可以获取最大的利润，满足各层用户的需求。在这方面，宝洁集团就很有代表性，它旗下既有玉兰油这样的大众品牌，也有 SK-II 等高端品牌。

6.1.3 定价的四个策略

定价需要根据市场和产品的情况进行，因此会有不同的定价策略。营销有四要素，即产品、价格、渠道和促销。当企业想要获得高利润时，一般都会先考虑产品改进、渠道优化和完善促销方案，最后才会考虑定价，而一般只能想到降价促销的方式。产品价格却在市场策略中扮演了十分重要的角色。因此，企业要全面灵活地运用定价方式，才能在市场中形成竞争力。

（1）渗透定价法

企业设置比竞争对手更低的价格，为用户提供与其相同的产品或服务，以快速地提高市场占有率。当市场占有率达到一定预期时，企业再逐渐上调价格。

法国电信、Sky TV 为了更快地进入市场，曾使用过这种方法。他们为用户提供免费打电话或折扣极低的套餐，吸引用户使用他们的服务。当注册用户达到一定规模后，再逐渐上调套餐价格，如果企业后续能拿到更多优质资源的独家代理，还能上调到一个更高的价格。

（2）经济定价法

当推广费有限时，企业经常使用廉价的定价策略。例如，超市里有一些打折促销的产品，价格非常低，因为这些产品没有质量优势，营销费用也不足，只能用极低的价格吸引用户。有些航班的价格非常便宜，航空公司会想尽办法节约日常开支，为消费者提供价格更便宜的机票。在经济萧条时期，这种薄利多销的定价方式能为企业带来更多的销量。

（3）高价定价法

高价定价法是指为用户提供高质量的产品，同时制定高价格。这种定价方法适用于有独特价值的品牌。当自己的产品在市场中有实质的竞争力且很难被模仿时，企业可以制定高价格，以此打造出高级感，如飞机头的等舱、苹果手机、各种奢侈品等。

（4）吸脂定价法

有时企业产品的质量虽然一般，但具有一定的差异化优势。特别是创新型产品，企业可以制定一个高价格以在短期内取得更高的收益。但这样的高定价容易招来竞争者以更低的价格和企业竞争。而且，竞争者的增加会增加产品的供给量，从而拉低产品的价格。

20 世纪 70 年代，电子表的生产企业就采用了这种定价方式。但电子表推出以后，其他企业纷纷效仿，从而拉低了电子表配件的价格。一段时间后，电子表的价格也被拉低了。

因此，这样的定价方法适用于新开发的产品或短时间流行的产品，企业可以在产品刚进入市场时制定较高的价格，尽快回收资金，一段时间后再调整定价。

除了以上四种主要的定价策略，还有其他定价方法也是企业在市场中常用的。

（1）心理定价法

很多时候，用户购买产品不是基于理性判断，而是受感性因素的影响。如果排除其他因素，用户会自然地认为产品的价格反映了其在市场中的级别。因此，企业可以使用心理定价法。

例如，一件产品定价 9.9 元和 10 元，给用户的感受是不一样的。当用户要购买一件不熟悉的产品时，如果不知道性能差异，看见产品分别定价为 4000 元、6000 元和 8000 元，自然就会认为 4000 元的性能最差，8000 元的性能最好，而 6000 元的则处于中间水平。

（2）产品组合定价

当企业推出系列性的产品或服务时，产品或服务单独的定价不能反映整体收益，企业需要考虑系列产品的定价及收益。例如，洗车店的基础清洗是 30 元，而洗车 + 打蜡需要 100 元。企业可以通过制定不同的组合价格，提高某一种销售欠佳的产品的销量。

（3）增值服务定价

企业永远是希望卖出更多产品获取更多收益，于是增值服务就应运而生。例如，乘飞机时，如果乘客想要靠窗的座位或额外增加行李，航空公司就会多收一笔费用。

（4）长尾产品定价

有时企业的产品 A 需要配合另一个产品 B 才能使用，企业会把 A 产品的价格定得比较便宜，而把 B 产品的价格定得比较高，通过售卖 B 来获利。例如，剃须刀以较低的价格卖出，然后企业通过销售刀片来赢利。

（5）促销定价

促销定价是最常见的定价方法，一般就是多买多优惠，如买一赠一、第二件半价等。

（6）按区域定价

根据产品销售的区域制定不同的价格，这种方法常见于跨国的销售。由于关税、进口商品数量限制等原因，企业会不同程度地提高或降低价格。所以，有些国外生产的产品在国内买价格高，而在国外买则比较便宜。

（7）价值定价

在经济萧条或市场竞争激烈时，企业会采取价值定价的方法。例如，麦当劳会根据竞争对手的情况推出超值套餐。价值定价是指让用户感觉用同样的钱能收获更多的价值，从而购买产品。

6.1.4 定价的三个误区

要想产品卖得好，定价是一个很重要的因素。不同的定价对应不同的消费人群，合适的定价会让产品的销量更上一层楼。而现在企业对定价存在一些误区，如图 6-1 所示。

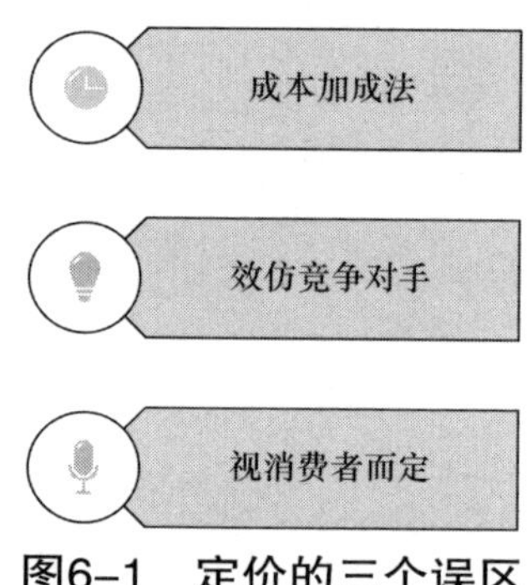

图6-1 定价的三个误区

（1）成本加成法

成本加成就是先算出成本，然后在平均成本上增加一定的利润，作为最终售价。如果企业长时间使用成本加成法，消费者就容易猜到产品的成本，这会导致消费者在谈判价格时迫使企业进一步降价。

因为消费者知道企业有 10% 的利润，就会期望压到 8%。如果企业退让，消费者就会进一步压到 5%。成本加价法的最大问题就是这是一种封闭的定价方法，会把企业和消费者隔离开，而忽略了市场的具体情况。

（2）效仿竞争对手

效仿竞争对手定价是指竞争对手定价 100 元时，企业就定 99 元。这种定价方法无法体现产品的价值，很容易造成产品的同质化，然后陷入价格战，使企业和竞争对手的销售量一起下降。

（3）视消费者而定

视消费者定价是指根据消费者的反应来定价。例如，北京的潘家园古玩市场，一个古董杯子没有衡量价格的标准，消费者询问价格时，古董商说 5000 元。而这个价格是古董商胡说的，主要是为了看消费者的反应。这种方法会导致消费者大幅度压价，无论报多少钱，消费者都会往最低讲价。

6.2 唤醒消费者的感性情绪

感性情绪是指消费者在情感上的满足。人们很多时候做决策都不是受理性驱动的，例如，很多人会因为情怀、偶像、从众等原因购买某种产品。企业在营销过程中应注意把握消费者的这种感性情绪，引起消费者的共鸣，让其在心理上认同产品。

6.2.1 感性与理性共谋的营销策略

在购买任何产品时，消费者都会同时投入感性与理性，只是二者投入的程度不同。感性会触发理性的思考，而理性也会带着感性的诉求。

在这个信息爆炸的时代，每个人的时间都不够用，人们会理性地选择屏蔽广告，以节省更多的时间。

现在的产品宣传手段更多是挖掘消费者的情感诉求，以吸引消费者，唤起情感共鸣；最后通过理性手段传递产品信息，以引导消费者进行对比判断。

菲利普·科特勒在《营销管理》中提到：“消费者的决策路径分中央决策路径和边缘决策路径。”中央决策路径是指消费者的决策行为源于对目标产品信息的大量的理性思考。边缘决策路径是指消费者的决策行为不是基于理性的思考，而是根据自身的认识或其他边缘信息进行判断，包括体验场景、情绪共鸣、内心感受等。

中央决策路径即理性路径，主要是通过突出产品的卖点，利用专业数据和细节来与消费者沟通。例如，向消费者灌输各种事实、数据、权威研究以及用户见证等，将它们融入内容中。以买车为例，汽车发烧友更关心汽车的属性参数，如果企业的文案能把这些信息告诉发烧友，这些发烧友就很容易被说服。

边缘决策路径即感性路径，一般是通过突出产品的使用场景来挖掘消费者的情感共鸣点，向消费者强调产品的调性，与消费者建立情感关联。例如，别克旗下有四款汽车，即君越、君威、英朗、威朗，分别针对成功人士、中产阶级、已婚白领和未婚白领。针对这四种人的情感需求，四款汽车有不同的广告语：君越是“不喧哗，自有声”；君威是“一路潮前”；英朗是“懂你说的，懂你没说的”；威朗是“天生爱跑”。

例如，beats 耳机的广告宣传一直在结合明星来凸显产品的时尚基调，试图打动消费者的感性，如图 6–2 所示。

图6–2 beats耳机的感性广告

同时，beats 耳机也没有忘记与消费者进行理性沟通，用强大的性能征服消费者，如图 6–3、图 6–4 所示。

图6–3　beats耳机的理性广告（1）

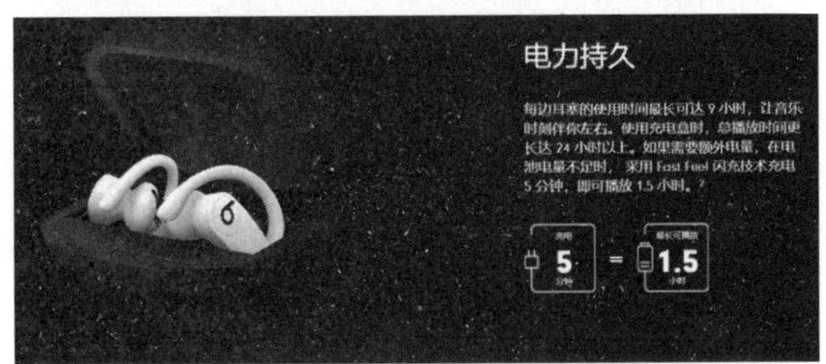

图6–4　beats耳机的理性广告（2）

依云矿泉水长期都在塑造身心健康与活力的形象，主导 live young（活出年轻），如图 6–5 所示。

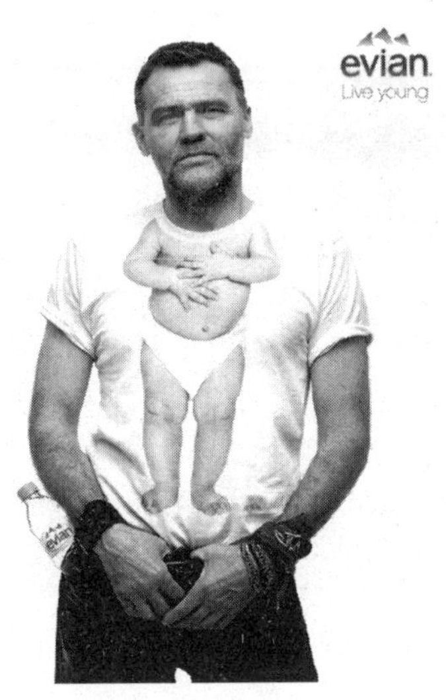

图6–5　依云矿泉水“活出年轻”广告

除此之外，依云矿泉水还从制作工艺、产品原料和品质上提升消费者对产品的认知，让他们更加认可产品，如图 6-6 所示。

图6-6　依云矿泉水的理性广告

奢侈品则有所不同。奢侈品一般都有很高的品牌溢价能力，因此，它一般卖的不是功能，而是品牌与文化。例如，LV 旅行箱围绕“旅行”塑造品牌形象和理念。它不仅是财富和地位的象征，还是每个人生命之旅的见证，基于人与旅行这个理念建立了 LV 与消费者之间的关联，如图 6-7 所示。

图6-7　凯瑟琳德纳芙——有时候，家只是一种感觉

总而言之，只要企业打广告，就会打断用户的自主思考。所以，企业要学会换位思考，想清楚什么时候用感性吸引用户，降低他们的排斥心理；什么时候用理性传达客观信息，使购买合理化。

感性与理性的结合既能满足用户外显的理性目标，又能满足用户隐性的情感需求，以达到更好的营销效果。

另外，近些年的心理学研究不断证明，人的理性是有限的，至少在很多行为上人类都是不理性的。人类在认知、判断、决策中都存在不理性的行为，大多数人在极端情况下甚至无法保持理性超过 1 小时。因此，作为营销人员，一定不能只靠各种理智的逻辑来说服用户，例如，不断地向用户介绍产品的性能、技术和科学背景；还要时刻洞察用户的价值观、行为、心理、情感诉求等，侵占他们的感性思维。

6.2.2 碧浪的“爸爸分享重负”短片

碧浪洗衣粉在印度曾经做过一个主题为“Dads Share the Load”（爸爸分担重负）的品牌广告。短片用一位爸爸的视角，目睹女儿在下班后一边处理工作，一边收拾房间、洗衣服、做饭，而女儿的丈夫却在沙发上喝咖啡。作为一位同样不曾帮妻子分担家务的父亲，他感到非常后悔，觉得自己为女儿做了错误的榜样，女儿从小在男权主义的家庭氛围中长大，从未意识到还可以让丈夫帮忙做家务。

父亲为造成这样的结果向女儿道歉，同时也对女儿的丈夫理所当然的不作为感到不满。后来，这位爸爸开始改正错误，主动帮自己的妻子分担家务。因为他不会做饭，所以选择了洗衣服。

碧浪抓住了 70% 的印度男性认为妻子应当负责家务、印度女性平均每天需要在家务琐事上花费 6 小时的不公平的社会现象，洞察出印度女性渴望改变现状的想法。85% 的印度女性都需要承担家内、家外两份工作，而大多数印度男性则不需要。所以，很多印度女性都认为男性也要承担家务劳动的重负。这个短片引起了广大印度女性的共鸣，迅速在网络上传播开来，获得了20亿次曝光。这个效果相当于1100万美元的广告曝光，并且刺激了200万男性访问了碧浪洗衣粉的官网，在“分担重负”的保证书上签下自己的名字。这个广告为碧浪洗衣粉带来了111%的增长，超出之前任何一种营销广告带来的利润。

碧浪洗衣粉的这个广告从情感、价值观、感性的角度去触动用户，再冷血的人也会被真正能触动他内心的东西打动。在看到这个广告之后，很多印度男性从“不让自己的女儿做家务”的角度出发开始帮妻子分担家务，进而认同碧浪这个品牌传递的价值观并购买其产品。

6.3 名人或专家背书

由于人们在决策时更倾向于听取专家的意见，所以如果企业有名人或专家背书则更容易获得用户的信任。那么，如何利用名人或专家为企业背书呢？一是利用名人的影响力，二是利用专家的权威度。

6.3.1 名人效应

在过去物质匮乏的年代，只要产品生产稳定、质量上乘，销售就能稳定。如今，物质极大丰富，众多产品让人眼花缭乱，即使见多识广的人也不能对所有品牌如数家珍。因此，一个品牌要想得到足够的知名度，除了要做好产品，还要借助其他人的力量，如大众熟悉的明星、名人等。企业可以将产品与名人联系起来，利用他们的影响力促进产品的销售。即使不出名的品牌，一旦与某个明星联系起来，也能瞬间提高它的关注度，产生一波消费热潮。

除了为产品请代言人，企业还可以利用名人效应。毕竟很多名人日常也在使用产品，企业可以让他们在社交平台上推荐给用户。名人有着强大的人气、巨大的影响力，他们的推荐更容易让用户信服，由此必然能促进产品的成交。但是，名人效应的应用也要有度，企业要注意以下几点。

（1）使用名人效应要符合产品的形象

任何产品都有其定位，有固定的用户群。如果企业请的名人与用户群的形象不符，甚至用户根本就不知道这位名人，那么宣传效果就会大打折扣，甚至会适得其反。

例如，护肤品常会请一些女明星代言。一位顾客想购买某老牌护肤品，销售员极力推荐该品牌旗下的一款美白产品，并说某女星也在使用该美白产品。但是，本来已经有购买意向的顾客突然放弃了购买，因为该顾客认为销售员说的这位女明星皮肤并不白。

（2）名人的形象必须是积极向上的

在历史的长河中产生了各式各样的名人，有的人被奉为偶像，也有的人臭名昭著。因此，企业在利用名人效应时一定要慎重。

一家汽车4S店的销售员向顾客推荐一款老牌德系汽车，该品牌历史悠久，很多名人都是该品牌的粉丝。销售员详细地为顾客讲解，顾客听得津津有味，也有了强烈的购买意向。然而，当销售员对该顾客说希特勒也是这款汽车的忠实用户时，顾客的脸上立刻出现了明显的厌恶之情，过一会儿就找借口离开了。

使用名人引入话题是一种有效且常见的销售方式，但并不是每个名人都适合为企业助力，他的形象、知名度、一言一行等都会成为影响企业发展的因素。因此，企业在选择名人做背书时，最好选择广为人知、形象较好且符合产品定位的名人。

6.3.2 权威效应

权威效应是指地位高、有威信的人所说的话更容易引起别人的重视，让他们相信其正确性。所谓“人微言轻、人贵言重”，第一，出于“安全心理”，人们总认为权威人物是正确的楷模，可以增加不会出错的“保险系数”；第二，出于“赞许心理”，人们总认为权威人物的要求和社会规范一致，按照他们的标准执行就容易得到各方面的赞许。

美国心理学家曾做过一个实验。在向某大学心理学系的学生介绍一位新聘请来的德语老师时说这位老师是著名的化学家。然后，这位“化学家”拿出一个装有蒸馏水的瓶子，说这是一种新发现的化学物质，有些气味，请在座闻到气味的学生举手，结果许多学生都举起了手。本来没有气味的蒸馏水，由于这位“权威化学家”的心理暗示，让许多学生都认为它有气味。

权威效应在实际生活中的应用还很多。例如，做广告时请权威人物推荐某产品，辩论时引用权威人物的话作为论据，等等。在人际交往中，权威效应还能引导或改变对方的态度和行为。

人类社会中，只要有权威存在，就会有权威效应。企业可以利用这种效应，用权威人物为品牌背书，以增加产品的可信度，消除用户的疑虑。

6.3.3 解析故宫的网红之路

故宫应该是运用权威做营销的最典型的案例了。谈到故宫，许多人脑海中浮现的都是它庄重、权威的历史形象，无论如何都不会想到故宫也能走在潮流的前沿。

2015 年，“故宫淘宝”横空出世，开始售卖“朝珠耳机”“皇帝大婚胶带”“嬷嬷针线盒”等 9000 多种文创产品。这家淘宝店的产品不仅花样繁多，还独具特色、紧跟潮流，一时间在年轻人中掀起了一阵宫廷热，如图 6-8 所示。

图6-8 “朕亦甚想你”折扇

故宫博物院依旧还是我国历史研究的权威之地，但风格特立独行的“故宫淘宝”却凭借“历史新编”侵袭国人的心。这种独特的风格四散开来，让“故宫淘宝”顺利登顶网红圈。在“80 后”“90 后”年轻工作者的努力挖掘下，“故宫淘宝”的所有文创产品都是在文化的基础上找到了独特又潮流的表现风格，让传统文化披上了时尚的外衣。

其实，故宫很早就有了自己的微信公众号，但中规中矩的宣传风格并没有吸引多少粉丝，一般是一篇文章发出去只能收获零星的评论。那么，故宫是怎样做到一改之前的惨淡经营，迅速逆袭为网红的呢？

（1）微信营销：将古人带到眼前

只要打开故宫的微信公众号，你就不难发现运营团队强大的软文功底。

一篇篇“写着玩”的软文以轻松活跃的形式展现在人们面前,《朕有个好爸爸》《从前有个皇帝他不好好读书》等软文借助口语化和幽默化的包装塑造了“古人也嗨”的画风。

“故宫淘宝”也借用了自媒体营销的套路，在幽默风趣地普及传统文化的同时植入“故宫淘宝”的产品，这种悄无声息的卖货手法在《她是怎么一步步剪掉长发的》等软文中得到了淋漓尽致的展现。

（2）微博互动：用互联网用语亲近民心

为了一改往日严肃的形象，“故宫淘宝”利用微博互动走起了“接地气”的路线，让曾经高高在上、至尊威严的故宫更加亲民。

图6–9　“故宫淘宝”微博互动

如图 6–9 所示，“故宫淘宝”通过“领旨谢恩”和“领纸谢恩”的同音不同义，接地气地和网友调侃起来，一方面塑造了亲和幽默的形象，另一方面也表现了中华文字的博大精深。同时，“故宫淘宝”还常用互联网语言和网友互动，像“友谊的小船说翻就翻”“这是一道送分题”“陷入了思考”等常会出现在微博的互动回复中，为广大网友营造了一种新奇的氛围。

（3）有画风、有态度的产品

好的产品加上有趣的售卖方式，能让产品更形象地呈现在消费者眼前。年轻消费者喜欢“故宫淘宝”的原因在于它用文化和幽默创造的娱乐场景，引发了消费者观感上和精神上的愉悦。所以，“故宫淘宝”之所以火爆，作品只是其原因之一，锦上添花的宣传文案才是产品鲜活的原动力。

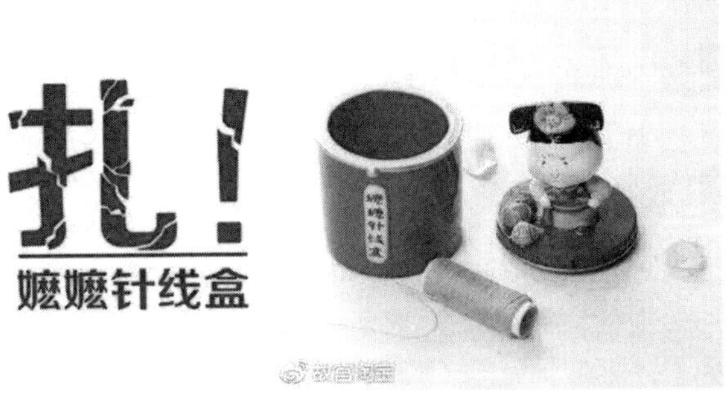

图6–10　容嬷嬷针线盒

例如，图 6–10 所示的容嬷嬷针线盒。普通的针线盒比比皆是，竞争的都是质量和价格。而容嬷嬷针线盒在那些看《还珠格格》长大的消费者眼中就是童年的回忆，让他们想到了那时的紫薇、小燕子，想到了自己追剧的少年时代。可见，容嬷嬷针线盒卖的不仅是功能，还有对青春年少的怀念。

“故宫淘宝”的所有产品都借助新媒体传播，将枯燥的历史文化换上了新装。消费者对历史了解越多，印象颠覆就越大。例如，举“剪刀手”的皇帝、娇滴滴的宫女、萌哒哒的鳌拜等都深深地触及了消费者的猎奇心理。

从创意的手机壳、宫廷胶布、奏折本等物件，到从买家需求出发制作的冰箱贴、折扇、绸缎包等，这些有文化背书、有情感、有态度的产品组成了“故宫系列”。消费者在浏览的过程中不仅在挑选产品，更是在选择一种打动人心的产品文化，而从这些产品中透出来的是深远又有活力的中华传统文化。

另外，“故宫淘宝”的营销内容有故宫博物院这个权威的历史研究基地作为背书，不仅增添了产品的权威感，还少了“杜撰历史”的嫌疑，消费者只会觉得看到了历史有趣的一面。

第 7 章
PART 7

获得拥护（Advocate）：为品牌沉淀消费者资产

现在产品同质化严重，市场竞争激烈；消费者的选择越多，就越难沉淀下来成为某一品牌的固定用户。因此，越来越多的企业开始重视用户的黏性，分析用户画像，针对用户的需求研发有针对性的产品，以此为品牌沉淀消费者资产。

7.1 提高用户黏性

用户黏性是指用户对品牌的依赖程度，是衡量用户忠诚度的重要指标，对提高整个企业的品牌形象有着重要作用。很多邮箱服务公司甚至长期都没有提高服务质量的计划，因为这种产品的用户不会轻易更改账号，这就是用户黏性的作用。只要黏住了用户，产品的销量就有了保障。

7.1.1 持续优化内容

提高用户黏性最直接的方法就是制作有吸引力的内容。因此，持续优化产品内容是为品牌沉淀消费者资产的最关键的方法。

在互联网和自媒体快速发展的时代，用户已经很难接受传统的硬广告营销。如今，比起事无巨细的产品介绍广告，一篇内容优质的文章更容易潜移默化地让消费者接受推荐的产品，也更容易引起消费者的兴趣。

信息轰炸使消费者停留在广告上的时间也许只有一秒，而新奇的、有价值的内容却能长时间抢占消费者的注意力。很多企业都是通过内容营销的方式提升品牌形象。即使在艰难的营销环境中，内容仍能开辟一条道路，吸引消费者的目光并取得成功。

不过，内容营销不是单纯的写段子、拍视频，更重要的是通过这些内容表现产品的定位。

第一，企业要确定目标人群。好的内容是以用户为导向的。一种产品的适用范围是有限的，要以产品的定位锁住一定的人群，有的放矢地向他们输出内容，满足他们的需求。

第二，企业要保证持续产出优质内容。不断输出的优质内容是用户黏性和忠诚度的保障，企业要根据自己的能力合理规划内容发布的频率，不能三天打鱼、两天晒网。

第三，要有差异性。现在市场中的产品大多同质化严重，用户为什么会选择你的产品？所以，企业需要将产品的定位与用户的需求建立特定连接。

内容是为用户服务的，它的价值在于能否满足用户的需求。因此，内容只有具备用户所需的价值，才有可能获得用户的认可。

那么，什么是符合用户价值的内容呢？简单地讲，就是用户需要什么，企业就提供什么；用户有什么问题，企业就为他们提供帮助，解决问题。所以，有价值的内容一般有以下几点特征。

（1）引起用户的共鸣。情绪能够吸引用户的注意，增加记忆点并诱发购买行为。不论是积极的情绪，还是消极的情绪，都能成为驱动力。

（2）制作精良。原创的内容包含作者独特的思想，具有一定的趣味性，可读性强，发人深省，也显得比较有诚意。

（3）内容能够发挥的作用。内容可以是增长见闻的知识，也可以是日常生活中的实用小技巧。总之，干货越多，就越能让消费者接受。

有价值的内容能够吸引最广大的用户群体，不仅营销成本低、效果好，还能与用户建立紧密的联系，增强用户的忠诚度。

现在的时代，消费者的个性化需求越来越多，人们需要的是能满足自身需求的产品。因此，企业的品牌内容和风格要更注重满足用户的需求。企业的产品应该不再限于满足“少数人”，而是满足“人的小部分”，企业的产品应该追求的是场景的“小”，而不是受众的“小”。

从这个角度来看，小米和华为都对产品内容进行了这种个性化设置。小米与华为的产品都支持一键ROOT，用户可以自主选择想要安装的App、文字风格等，并在这些产品中找到一种专属于自己的服务体验感。

2016年，我国最大的电影评分网站之一——豆瓣发布过一段视频。这段视频在短短几天里引起了无数人的共鸣，它以“不平凡”的内容打造了一种追求文艺情怀的品牌形象。下面是这段视频的文字内容。

除了一个小秘密，

我只是一个极其平凡的人。

我张开双臂拥抱世界，世界也拥抱我。

我经历的或未经历的，

都是我想表达的。

我自由，渴望交流，

懂得与人相处，但不强求共鸣；

我勇敢，热爱和平，

总奋不顾身地怀疑，

怀疑……我在哪里，该去哪里。

童年，或许还有过些……

可和你一样，

小时候的事，只有大人才记得。

我健康，偶尔脆弱，

但从不缺少照顾；

也尝过爱情的滋味，真正的爱情。

如果不联络，

朋友们并不知道我在哪里，

但他们明白，

除了这个小秘密，我只是一个极其平凡的人。

我有时张开双臂拥抱世界，

有时，我只想一个人。

我们的精神角落——豆瓣。

豆瓣的宣传视频如同一个小故事，“豆瓣”就是主人公，用户伴随豆瓣的视角，追寻自己的小秘密，使整个视频内容处处流露出一种独立于世、淡然处之的品牌文化。当看完所有的内容后，许多用户随着主人公“豆瓣”一起沉浸在文艺者的世界，这个世界中充满傲气与自信。这是一种这个时代人们的特定追求，同时也是这个时代人们所欠缺的东西。当看完视频以后，用户就能真正明白豆瓣的文化风格。

通过这段视频，豆瓣与一种独立于世的文化风格融为一体，这也正是豆瓣宣传视频成功的地方。

豆瓣的成功与这种独特的文艺风格无法分割。这种品牌风格更容易吸引目标人群的关注，让他们从心底产生一种豆瓣是懂他们、接纳他们的感觉。最终，这些用户从豆瓣的品牌风格上得到精神的共鸣，也意味着豆瓣的文化风格深深烙印在了用户的内心深处。

以三只松鼠为例。三只松鼠卖的是“萌文化”，将一个扁平的 Logo 向多元、完整的品牌形象转变。不论是线上店铺，还是产品的包装、赠品，都在强化三只松鼠的卡通形象，给消费者留下深刻的印象。

三只松鼠定位“森林系”，提出森林食品的概念。目标人群定位在年轻一代的"80后""90后""00后"，贴合目标人群有个性、有准则、享受生活的特点，将产品的萌形象植入消费者的心中，再不断用"萌"的内容向消费者强化这个品牌形象。

在同行业零售休闲食品竞争激烈的情况下，三只松鼠以"萌文化"占领消费者的心智。客服亲切地称呼消费者为"主人"，在产品包装箱上写着"主人，开启包装前仔细检查噢"，将消费者与卖家之间的关系转化为主人和宠物的关系，增加了与消费者的互动，优化了消费者的购物体验，同时增强了品牌的独特性，从而宣传了品牌。

三只松鼠借"萌文化"拉近与消费者之间的距离，使年轻的消费者感到愉悦、新奇，并通过与粉丝的互动增强了用户黏性。如今，三只松鼠已在多个城市拥有自己的线下"投食店"，进一步扩大了自己的粉丝群体。

三只松鼠通过创作与"萌文化"相关的内容，从线上到线下，从坚果到零食再到全品类，持续输出与"萌文化"相关的内容，聚合消费者。

7.1.2 提高留存率

有些产品在解决了吸引新用户的问题以后，接着又发现了一个新问题，就是用户停留的时间太短，这也就意味着这款产品对用户没有吸引力。解决这个问题的最好办法就是记录用户的留存率和流失情况，并采取相应的手段在用户流失之前吸引用户继续使用。

系统动力学中有一个经典的浴缸理论。浴缸中的水有两种状态，分别是存量和流量。存量是指在一个时间点，浴缸中积累了多少水；流量是指一个时间段内，有多少水流入及流出。那么，如果我们想泡一个舒服的澡，哪个变量是关键呢？答案是存量，即使流入量很大，存不住水，依然无法泡澡。

假设产品是一个浴缸，新增用户是流入量，留存用户是存量，流失用户是流出量。可见，要想实现利益最大化，除了需要源源不断的新用户，还必须将流量转化为存量。留存率高了，产品的销量才能好。那么，要怎样才能提高留存率呢？

（1）提高用户留存率的两个方向

最理想的用户留存率曲线是随着时间的推移缓慢下降，然后停在一个性价比高的位置。但实际上产品真实的留存率曲线从新用户加入的第二天就开始直线下降，甚至会一路下滑。因此，企业要想提高留存率，就要整体抬高留存率曲线。

① 初期留存

陌生的产品就像小黑屋，如果没人引导，用户就会驻足在门口迟疑不动。人类在成长过程中最难克服的情绪不是对已知的恐惧，而是对未知的恐惧。所以，企业要做的第一步就是让用户克服恐惧，引导用户一步一步了解产品，帮助他迈开脚步去探索未知的领域。只有用户迈出第一步，尝到产品的甜头，才可能形成留存。

例如，樊登读书的核心功能是听书，因此，樊登读书最关键的就是让用户能快速体验到听书的乐趣。其在首页最显眼的位置设置问题，以了解用户的需求；快速匹配用户的需求，给用户推荐音频书；设置体验时间，刺激用户快速体验。

② 长期留存

当用户对新产品的新鲜感开始褪去时，企业的第二步任务就是让用户使用产品成为一种习惯，并从中获得满足感。这样无须刺激，用户也会继续使用产品，因为这已成为用户生活中的一部分。

尼尔·埃亚尔在《上瘾》中就介绍了“上瘾回路”，只要企业找对上瘾触发物，就能强化用户习惯。例如，趣头条通过金币激励系统刺激用户的阅读行为，阅读能获得金币，金币又是阅读的消耗物，循环往复。

再如，微信的点赞功能是其中的一个上瘾触发物，触发了被点赞用户的虚荣心，他就会继续发朋友圈，然后在互动过程中加深了与朋友的关系，引发他给别人点赞。

（2）提高留存率的三个步骤

① 明确留存率监测指标

《增长黑客》中有一个概念叫“北极星指标”，这个指标能为运营和产品找到方向。实际上，北极星指标就是指留存率关键指标。不同的产品在提升留存率时也会有不同的留存率指标。

例如，用户使用频率高且有付费行为的产品，其关键指标就是用户的使用次数，只有提高用户的使用频率，才有可能增加付费行为。而有些产品不需要用户频繁访问，这些产品的盈利模式是单次大额转化。例如百合网等，一个用户一辈子可能只会交一次会费。长期留存率才是这些产品的关键指标。

② 分群找到影响留存率的因素

在确定留存率的关键指标后，下一步就是利用群组来确定不同用户的留存率。分组的指标可以是渠道、访问时间、注册时间、访问功能及偏好等内容。

③ 用最小可行性方案制定策略

知名商业顾问刘润说：“商业的本质是创新和效率。如何利用有限的时间和资源创造最大的价值，这是商业社会必修的课题，也是高级产品经理和运营最关键的核心竞争力之一。”

在分析了哪些因素最有可能提高留存率后，接下来就要验证假设得出结果。因此，制定最小可行性方案就显得尤为重要。

例如，Facebook 早期的用户流失非常严重，为了进一步避免用户流失，Facebook 在注销流程后新增了一个页面。在用户离开之前，系统会读出好友列表中互动最频繁的 5 个人，询问用户是否真的要离开。很多已经决心要注销的用户担心再也见不到这些朋友，心一软就留下了。这个页面上线后，Facebook 一年内减少了 2% 的用户流失。

7.1.3 高频互动提高活跃度

互联网改变了人们消费的心理过程，由于信息在无限地拓展，现在的消费者很容易就能查到某个产品信息。菲利普·科特勒在《营销革命 3.0》中提到："被网络连接的消费者越来越像一个具有共同精神追求和普世价值观的立体的'人'，我们需要超越琐碎而狭隘的'营销技术与手艺'，将'交换'与'交易'提升为'互动'和'共鸣'。"

在新的市场环境下，企业要想把消费者沉淀为品牌资产，就不能再将用户视为"猎物"，而要将用户视为亲密的"队友"，通过高频互动提高活跃度。

用户购买产品的过程不是一蹴而就的，而是逐层递进的关系。如果想让用户喜欢某个产品，营销人员需要对用户进行逐层引导，不断地加强与用户的互动，让用户在不知不觉中喜欢自家的产品。

上海迪士尼乐园共有六大主题园区构成，分别是"米奇大街""奇想花园""探险岛""明日世界""宝藏湾""梦幻世界"。每个园区的环境设置与主题相对应，而且有不同的经典卡通角色，如迪士尼公主、小熊维尼、唐老鸭、米老鼠等。游客可以沉浸在童话故事中，与不同的卡通角色拥抱、合影。

其中，"梦幻世界"是迪士尼乐园中最大的园区，标志性建筑是迪士尼动画电影里的经典城堡。“梦幻世界”中的项目有“七个小矮人矿山车”“小飞侠天空奇遇”“百亩森林”以及“仙境迷宫”等，游客可以在这里体验动画片中的场景。

迪士尼主题公园为每个来此度假的游客营造了独特、有趣的童话世界。其中，吃喝玩乐的项目应有尽有。而且，每个园区都各有特色，玩法众多，让人应接不暇。除此之外，虚拟的卡通人物在主题公园中来回走动，与游客互动。

迪士尼主题公园为人们提供了童话般的娱乐休闲场所，意在让用户在不断的互动中增强用户体验，感受童话氛围。在这些互动中，品牌逐渐形成了口碑传播，扩大了营销的影响。

冰桶挑战是由美国波士顿学院前棒球手、患有渐冻症的皮特·弗拉特斯发起的活动。该活动风靡全球，旨在让更多人了解渐冻症这种罕见的疾病，且达到募捐的目的。活动要求参与者被冰水浇遍全身，点名其他三人一起来参加这个活动，并将全过程发布到网上。被邀请者在 24 小时内可以选择接受挑战，或捐出 100 美元。

从国外到国内，各界名人纷纷响应。国外的有比尔·盖茨、扎克伯格、罗纳尔多、贾斯汀·比伯等，国内的有雷军、李彦宏、刘德华等，都纷纷参与其中。

毫无疑问，作为一个在极短时间内引爆无数人关注的活动，冰桶挑战可谓是营销互动的经典案例。从本质上看，它的规则设定能有效确保全民互动得到快速传播，其规则的巧妙之处如下。

（1）发布冰水浇身的视频

① 简单快捷可操作

一个活动要想快速吸引大众关注，最直接的策略便是参与者的身份要有影响力。但是，这些人物的时间宝贵，如果活动规则设置复杂，完成时间过长，可能很难吸引这些人物参与。冰桶挑战的活动规则十分简单，只需要用冰水往头上一浇，全过程不超过 3 分钟，可以很快完成。

② 渠道多样化

冰桶挑战者完成挑战后将视频发布在网络上，由于网络传播途径的多样化，很容易形成大范围传播，紧接着便有可能激发从众效应，在一个个圈子中形成传播。人人都有一个交友圈子，假如你的朋友参与了活动，你在他的带动下很可能也会参与其中。

③ 规则有趣

冰桶挑战活动中，参与者需要用一大桶冰水浇身，这看上去很有趣，满足了广大观众的猎奇心理。虽然活动发起时在夏天，但用一大桶冰水从头倒下，没有几个人能不打冷颤。而且，普通人很难有机会见到如同落汤鸡一样的比尔·盖茨、雷军、刘德华，但现在有机会同时看见一大群明星的落汤鸡模样，大众因为好奇也会有很高的传播热情。

（2）点名三个朋友参与挑战

第一，点名三人参与最大程度上保证了该活动的延续性。只要三人中有一人参与，那么他就会再点名三个朋友参加，等于把活动延续了下去。

第二，从心理学角度，参与者很多时候会选择较熟悉的朋友参与挑战。由于彼此比较熟悉，他的朋友参与活动的概率也是比较高的。

（3）在 24 小时内接受挑战，否则捐款 100 美元

24 小时的时间性限制有效保证了冰桶挑战的热度。这就使每间隔 24 小时，冰桶挑战都能找到新的参与者，不断制造新的话题。假设 A 参加了活动，然后点名 B 参与，观众便会围观挑战者 B。B 挑战结束后，观众又会围观下一位参与者。

同时，对于绝大多数参与者来说，100 美元都不是问题。因此，很多参与者都选择既捐钱又参与活动。如此一来，冰桶挑战既能实现募捐的目的，又能保证活动得以延续。

简单、传播性强的互动是一种增强用户黏性的有力武器，用户在愉快的互动氛围中逐渐加强了对品牌的认知，慢慢就离不开该品牌的产品。

7.2 建立会员制度

会员制是人与人之间沟通的一种方式，它由某个组织发起，吸引客户自愿加入，建立固定的联系，提高他们的忠诚度。企业常会为会员颁发会员凭证，以标榜其特殊待遇，通过某种高价值的利益吸引逐渐将他们沉淀为品牌资产。

7.2.1 用优惠换取复购

企业用优惠活动吸引来的会员很多都是临时起意办理的，这些因为一时利益加入的会员很难对企业产生信任，自然也很难产生复购行为。复购率代表企业会员的消费质量，企业不可能频繁地开展大力度的优惠活动，如何在日常经营中活用优惠吸引会员购买，是决定企业销售额的关键。吸引会员复购有以下几种办法。

（1）会员积分营销

会员积分是提升会员复购率常用的工具之一。设置积分活动，能有效刺激会员消费。企业在会员管理后台设置积分规则，会员通过充值和消费等行为可以获得相应的会员积分，累积到一定数量就能参与积分活动，兑换奖品或参与抽奖。企业可以设置诱人的奖品，调动会员消费积分的积极性。

（2）分级优惠，差异化营销

既然有会员积分，就要有会员等级。消费者之所以会办理会员，是为了享受不同于普通消费者的专属优惠。当企业会员数量逐渐增多后，会员的权益就会被稀释，会员很难再感受到“尊贵身份”，也就逐渐失去了对企业会员制度的认可度。因此，会员等级的设置就非常有必要了，通过会员等级实行分级优惠，刺激普通会员消费升级。会员等级可以根据积分数量划分，当会员积分达到对应值时，系统会自动为会员升级。同理，当会员积分低于对应值时，系统会自动为会员降级。

（3）电子优惠券

消费者购买产品时，面对同样的产品，自然偏向于便宜的。因此，为了吸引会员复购，企业可以不定期发送电子优惠券给会员。优惠可以是满减优惠，或会员专属的无限制的小额优惠。会员领取到优惠券后，在还需要相似产品时会更倾向于到本店消费，复购率也就提升了。

提升会员复购率，不仅可以带动销售业绩的增长，也可以让会员在复购时深入了解企业的会员权益，更认可会员身份，并逐渐对企业产生依赖。一批优质的会员可以持续为企业贡献业绩，为企业的长期发展奠定基础。

7.2.2　粉丝专享特权，满足会员自豪感

很多企业基于自身业务的发展需求，打造了自己的会员体系。企业打造会员体系的直接目的是拉动用户增长、促进业务发展。但是，很多会员体系并未给企业带来实质的收益，反而还存在不少问题。

企业业务的核心是用户，企业要想获利，就要满足用户的需求。因此，建立完善的会员体系，紧抓用户的核心诉求，为会员提供专享特权，满足其自豪感，就显得尤为重要。企业的“消费＋获权＋行权”闭环越顺畅，其

会员体系的建设才越有意义。

大多数企业建立会员体系都是为了解决“用户从哪里来，到哪里去”的问题。企业后台先记录消费行为，根据贡献度分级匹配不同的权益，最后描绘用户画像，将主要特征标签化并对其进行大数据分析，为精准营销奠定基础。那么，会员权益如何设计才能满足大多数消费者的需求呢？

（1）权益设置的三类导向

常见的会员体系权益规则主要由黏性型、价值型、口碑型三类导向决定。

① 黏性型是以增强用户黏性、促进企业和用户的沟通为目的设置的会员权益。

② 价值型是为用户提供某些稀有资源、定制服务的会员权益。

③ 口碑型以树立品牌形象、为用户提供尊贵感为目的设置的会员权益。

（2）落实“权益差异”

首先，会员权益一定要分层，既突出不同等级会员之间的差异，又不要让差异太大。简单地说，就是给用户一种只要再稍微努力一下就可以享受更加超值的权益的感觉。因此，最让人忌讳的会员权益设置就是高层级和低层级的会员权益没有差别或从现有层级往上升的门槛太高。

其次，会员权益中既要有固定部分，也要有非固定部分。固定权益是会员的基本权益，必须长期无变动；非固定权益是会员的政策类权益，一般需要结合营销政策不定期推出。

（3）设置用户感兴趣的核心权益

会员权益不能是“A+B+C……”这样无意义的堆砌。如果运营人员自己对设置的权益都不敢兴趣，那么用户也很难对其感兴趣。

会员体系中的“核心权益”就是平台主要的发展目标与用户核心需求的融合。以中国电信集团星级客户会员权益为例，运营商的主要发展目标无非是话费、流量以及其他增值业务的收入。而用户对运营商的需求就是保证通信服务的价格便宜，而且便捷。

另外，大众点评向会员提供“电影免费退改次数”“酒店折扣”“外卖满减”等权益，也是在降低用户消费成本的同时，促使会员进行二次消费。

（4）提升会员行权率

企业还需要利用各种渠道将“权益”概念根植到用户心中，并形成行权闭环。因此，企业可以将用户权益可视化。例如，许多平台都有类似“勋章墙”的体系将用户进行可视化展示，会员级别、成长值、勋章、可行权益、增长规划等都会简明地展示出来。

另外，会员权益变动时，企业需要及时提醒用户，可以通过短信、站内展示、微信公众号或专属客服等方式让用户提前熟知新权益的使用方法。

权益领取的步骤不宜太过复杂，一般有“系统直接给予”或“订购”两种方式，只需要用户操作一两步就能获得，否则会降低用户的参与度。

不定期的主题营销活动也是必不可少的会员权益，而且要注重“不同层级不同权益”的概念。例如，补贴活动中，等级高的用户可享受高额补贴，等级低的用户只能享受小额补贴。另外，“会员日”等特殊日期的设置也可以提升会员的行权率。

（5）完善的后台系统

完善的后台系统也是设置会员权益的重要一环，有针对性的数据分析可以控制活动成本，合理降低风险。在数据分析中，企业要着重于一些用户数据，包括行权率、活跃度、行为轨迹及成长周期等。

7.2.3 制定会员考核制度，提高逃离成本

会员制本质是会员用“大量”换“低价”，企业用“优惠”换“复购”。

有一位消费者一年需要 10 件东西，分别在不同店铺购买。企业当然想让消费者需要的10件东西都在自己这里购买，那要怎样做到呢？如果只是单纯地降价，万一消费者还是只买一两件，就很容易给店铺造成损失。于是，企业想了一个办法，即与消费者签协议，约定如果消费者买10件产品，自己就只赚3件的利润。这个协议就是会员制，消费者用“大量”换“低价”，企业用“优惠”换“复购”。但是，这种制度要能被考核，否则会员想来就来，想走就走，就很容易给企业造成损失。

常见的会员考核制度有设置进入门槛、提高逃离成本和设置积分系统三种。

（1）设置进入门槛

设置进入门槛的通常方式就是设置一笔会员费，企业保证会员权益的执行，但是消费者要交费换取成为会员的机会。有了这笔会员费为限制，消费者下次就会优先选择该企业的产品。

（2）提高逃离成本

要想把会员变成不可迁移的价值，企业应让他们意识到离开会员体系就要付出很高的成本。例如，航空公司的白金卡会员可以随时升头等舱，而不常坐飞机的普通用户就没有这个实惠；一些酒店的高级会员可以随时升级套房，普通用户也是没有这个优惠的。总之，企业就是传递一种“放弃就亏了”的感觉，吸引用户自愿留存。

（3）会员积分系统

设置会员积分系统是一种最普遍的会员考核制度，通过累计积分区分会员层级，积分则可以兑换各种权益，吸引用户留存。

以某家网店的会员积分系统为例，它把会员分为普通会员和高级会员，不同的会员资格有不同的获取方式，如表 7-1 所示；同样也对应着不同的会员权益，如表 7-2 所示。

表7-1　获取会员资格的方法

会员级别	如何获取会员资格
高级会员	（1）参与配合企业调查并预留有效手机号码的用户，经企业系统发放的 App 链接及账户信息，用短信形式下发至其该手机号码中。通过链接下载 App，并在 App 中通过手机验证，这时就获得了高级会员 （2）经老板批准，准许发放的用户 （3）普通会员累计消费满 3000 元，积分达到 3000 分就可以成为高级会员 （4）加入企业团队，即可获得高级会员资格
普通会员	（1）用户在网店网站或者 App 进行注册并验证成功，且累计消费满 100 元就可以获得普通会员 （2）通过高级会员获得普通会员资格

表7-2　会员权益的内容

会员级别	会员权益
高级会员	高级会员除了可享受普通会员的所有权益，还有以下特权： （1）到网店购物享受 9 折优惠 （2）可邀请其他用户成为普通会员，可享有推荐会员的 10% 积分
普通会员	（1）可享受各类促销活动 （2）可享受积分奖励

以上两个表格中都提到了会员积分，那么如何获取这家网店的积分呢？它都设置了哪些规则吸引用户呢？

（1）在这家店每消费 1 元便能得到 1 积分。而且，这家店还不定期推出积分抽奖等优惠活动。

（2）所有会员账户中的积分有效期都是 1 年，结算日期为该账户最后一次积分生效的时间。例如，某个账户中的累计积分为 1000 分，且最后一张订单成功完成，而积分将在物流发货后 7 天内生效，有效期为一年。

如果用户在有效期内没有完成新的订单交易，也没有消费任何积分，那么有效期过后该账户的积分将清零。如果该用户在积分有效期内成功完成一张交易订单，则积分有效期自动从积分生效时刻起恢复一年有效期。

（3）网店的会员有多种方式可以查看积分，如拨打客服电话、登录网店平台等。

（4）积分换购采用“现金 + 积分”与“全积分”两种方法，从而给予会员更优惠的价格。在换购时，现金支付部分按正常会员积分规则产生积分，下次购物时可使用。

（5）积分换购享受退换货政策的保障。当积分换购发生退货时，系统将自动退还扣除的积分，积分的有效期不发生改变；当积分换购发生换单、部分退单时，积分的有效期都会保持原样。

7.3 社群化运营

在网络时代，“酒香不怕巷子深”已经逐渐成为传说。产品是企业的硬实力，而传播是企业的生产力。移动社交媒体的发展催生了社群的建立，企业的社群化运营可以加强企业和用户的联系，增强用户黏性。

7.3.1 利用社群平台构建公信力

尽管每个人的手机都安装了很多应用程序，但实际使用的应用程序包括第三方程序并不多。很多程序都是在下载之后看过几次就再也没有打开过，这样的用户行为自然很不利于应用开发商。业务分析公司 Localytics 的数据显示，有近四分之一的用户在打开应用一次后就删除。可见，留存率的确是一个关键性问题。

每个产品都不可能得到所有用户的青睐。因此，企业就需要进行社群化运营，将对产品感兴趣的用户聚集到一起，把他们逐渐沉淀为品牌资产。构建社群平台公信力就显得尤为重要，如图 7-1 所示。

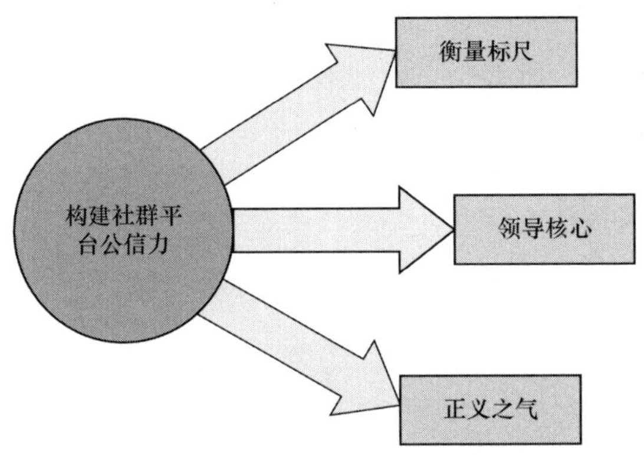

图7-1　构建社群平台公信力的三个方面

（1）衡量标尺

社群在日常运营过程中，各项工作要有衡量标尺。这里的衡量尺度不仅指各项考核指标，还包括制度的执行落实情况。另外，企业要横向对比相关的竞争产品，对比相应的数据，对比与竞争对手的真实差距，这样得出的数据才有权威性。

（2）领导核心

社群的领导核心天然就具有一定的话语权，同样也具有一定的权威性，社群成员会注视着社群领导或核心人物的一言一行。因此，社群领导者要对自己负责，对社群负责，不能口无遮拦或随意欺骗社群成员。

领导处在团队前列是为了起到榜样的作用，社群内部要及时发现问题并沟通解决。特别是涉及利益的问题，社群领导者要以公开、公正、透明的态度向成员公示，并征求成员的意见和建议。这样的社群才能让众人信服，有公信力可言。

（3）正义之气

知名的政治哲学家、美国哈佛大学教授约翰·罗尔斯在所著的《正义论》一书中指出："正义是社会制度的首要价值，正像真理是思想的首要价值一样。”这句话要结合社会现实来理解，公正性不仅是政治的永恒话题，也是社会秩序的基础规范，没有公正就没有社会的正常运转，正义也不会惠及更多人。

社群是一个浓缩型的社会，但比现实社会更灵活、更精准。正义之气是社群正常运转的保证，公正的社群氛围可以影响社群内部成员，甚至可以影响社群外部的人，这样的社群才有真正的公信力。

社群有衡量标尺，领导起模范带头作用，整个社群形成一股正义之气，这样的社群平台才有权威性和公信力。即使成交数量暂时不多，但成员们都遵循规则，有着强大的凝聚力，也就有利于社群整体的长远发展。

7.3.2 强大的社群粉丝效应提升用户认同感

用户认同感在很大程度上来源于社群粉丝效应的带动，当用户对某个社群或品牌以粉丝的姿态看待时，那么用户就不仅是把产品当作一个单纯的产品，而是一个代替品牌与粉丝交流的人格化形象。例如，粉丝经常会将自己认可的产品想象成自己的朋友或家人，带着一种特殊的情感投入社群建设中。

乔布斯时代的苹果公司就将苹果等同于乔布斯，把品牌形象和人格形象结合。苹果粉丝购买苹果产品时，在潜意识中将苹果产品幻想为乔布斯的人格化替身，这样粉丝购买的就不再是产品本身，而是一种情结。这也是粉丝通过购买产品表达对乔布斯个人的崇拜。但是，苹果公司却没有刻意强化乔布斯和品牌之间的形象关联，也没有将乔布斯升级为苹果公司的企业品牌形象。2011 年乔布斯去世之后，原本苹果等同于乔布斯的形象逐渐消失殆尽。这可以说是苹果公司在营销策略上的失误，同时也是对乔布斯这个天然品牌财富的浪费。

苹果公司的继任者库克和乔纳森将粉丝营销视为多余之物，反映了苹果公司对全球市场营销环境变化的反应并不是特别敏锐。尽管苹果公司有强大的广告营销团队，但都比不上乔布斯粉丝带来的品牌收益。现在对于苹果粉丝而言，购买苹果的原因可能是“苹果是当前最好的手机或平板”，而不是因为“对乔布斯个人的粉丝情结”，附着在苹果品牌背后的人格化形象正在逐渐退化。因此，乔布斯时代的苹果和库克时代的苹果的最大区别就在于苹果用户中粉丝的比例正在大幅度下降。

企业在运用粉丝效应加强用户的认同感时，通常的做法是加强品牌宣传，加深用户印象。例如，市场上的很多产品或品牌商都会邀请明星，特别是一线明星代言以强化品牌形象，从而带动粉丝效应，以强化产品的人格化特征。

无论是乔布斯时代，还是库克、乔纳森时代，苹果粉丝对苹果产品的忠诚度虽有下降，但一直都保持在可观的范围。而对于社群运营者来说，如果没有像乔布斯这样划时代的人物作为品牌象征，那么要如何凝结社群成员呢？

移动互联网时代，用户留存率是反映用户与社群关系的重要指标，也反映了用户从不稳定到稳定、再到成为忠诚用户的过程。

粉丝效应可以有效帮助企业提升用户认同感。当然，粉丝效应也要与社群特性相结合。这需要社群运营者从构建粉丝团队和种子用户着手，围绕社群运营工作营造用户认同感。因此，社群运营者需要从社群营销的多个方面切入，准确连接社群与粉丝，如图 7-2 所示。

图7-2 社群运营提升用户认同感的切入点

（1）搭建信任链条

任何营销都是以信任为基础的，没有信任就无法产生交易行为。在社群营销过程中，获取符合条件的成员资源固然重要，但更重要的是搭建一条完整的信任链条，形成社群与成员双向互动的可持续循环关系。社群为成员提供良好的展示平台和价值获取渠道，成员能够信任社群，形成粉丝效应，为提高用户留存率打下坚实的基础。

而且，粉丝效应能够将这种信任链条转化到线下场景中，加深社群与成员的紧密互动。同时，社群也可以更加了解成员需求，巩固社群结构。

（2）重视精准传播

精准传播是保证产生粉丝效应的主要渠道。随着社群成员数量的增加，社群功能也在不断丰富与完善，相应的数据处在动态变化中。因此，社群运营者要重视传播的精准度和吻合度。

生活中，数量庞大的小广告并不能有效吸引精准人群。所以，社群运营者要认真思考社群成员的真实需求。当社群传播与社群成员的偏好吻合甚至精准对接时，粉丝效应才能发挥其应有的号召力，在社群发展的后期助力用户留存率保持稳定甚至稳步提升。

（3）做好社群运营

社群离不开运营。甚至可以说，运营是社群存活的重要基础。社群运营项目包括产品运营、渠道运营、粉丝运营等。在基础层面，社群运营者要做好拉新、留存和促活三个主要方面的工作，这些工作是提高用户留存率的重要内容。

社群存在的意义是使社群成员学习新知识、获得成长或获得更多的利益。而低效率或脱离实际的社群运营工作很可能导致成员拉黑或直接退出社群，这样用户留存率也就无从谈起了。所以，社群运营要将粉丝效应作为提高用户留存率的重要渠道和途径，同时稳定保证价值输出并构建社群公信力，运用粉丝的力量实现病毒式的传播。

7.3.3　完美日记：从微商品牌到国货新势力的蜕变

为什么说起微商卖货，就会给人一种产品质量没保证的感觉，而说起社群运营就会让人想到小众定制呢？微商和社群其实有很多相同之处，但也有一些不同。正是因为这些不同点，才造就了一个低端、一个高端。

（1）中心点不同

微商是以自己为中心，目的是吸粉变现，有着强烈的盈利色彩，而且货源杂乱，就像现实中低端的小百货市场。社群运营则是以社群成员为中心，宗旨是造福社群成员，顺便盈利，而且完全以自己的产品为主，类似于大商场的专柜。

（2）盈利方式

微商主要靠卖产品和招募代理来盈利。社群运营是通过服务社群成员持续盈利，有收会员费、销售产品获得利润、异业联盟等多种方式。

（3）可持续性

微商的可持续性较差，很多产品做着做着就不做了，甚至连工厂都会消失，所以得不到消费者的信任。社群运营一般是聚集一群需求或价值观相似的人，利用情感纽带长期维系，可持续性非常强。

和微商相比，社群能盘活社交关系链，从而更方便地在精准人群中扩散，最终降低流量获取成本。社群运营可以沉淀老用户，增强他们的忠诚度并提高转化率，以为未来的新品推广打基础。特别是日常快消品，如美妆等，适合社群运营的营销方式。

完美日记的社群运营可以称为行业标杆，通过私人美妆顾问“小完子”帮助用户在社群内获取美妆产品信息和建议。

完美日记有上百个个人号，对外都统一是“小完子”的人设。也就是说，这个私人美妆顾问其实是一个庞大的团队在运营。那么，完美日记是如何设计“小完子”这个人设的呢？

（1）让用户感知人设角色的形象、穿着、谈吐等，拉近和用户的关系。所以，用户便看到了一个活在朋友圈里的精致女孩“小完子”，她颜值高、有气质，还是美妆达人。

除了分享美妆好物之外，“小完子”还去网红旅游点打卡，与大家探讨日常娱乐或美食等，就像一个真正存在的好朋友。

（2）“小完子”通过活跃的文字、彩妆测评和彩妆教程，建立了“私人美妆顾问”的人设，让用户感觉她就是一个鲜活的人，而且在美妆领域颇有建树。

持续的口碑输出和潜移默化的交流，最终能让品牌在用户心中形成极为深刻的印象。从完美日记的增长率来看，它的社群营销做得非常成功。

有人担心用户在习惯了大力度的折扣活动后，不会再选择以原价购买。这样的担忧是大可不必的，因为品牌是发展的，它的价值主要体现在商标上。例如，许多用户在微信上问价，最后却选择在淘宝上成交，而且微信的价格还比淘宝上的便宜。从用户的行为来看，用户需要的是产品，但是他更信赖淘宝这样的电商平台提供的服务。

用户对产品的认知度不强，所以他需要一个能让人安心的、有保障的服务平台。社群就是一个增强认知的好地方。社群成员讨论产品，分享使用体验，这会极大地增强新用户的信心，从而强化他对产品的正向认知。

私人美妆顾问“小完子”就是这样一个强化用户认知的存在。所以，完美日记前期大力度的打折活动并不影响用户后续购买正价产品，因为用户在这之前已经认可了该产品。

第 8 章
PART 8

品牌知名度（Gain）：提升链路营销的覆盖广度

品牌知名度是指消费者认识品牌的能力，它分为三个层次。第一是品牌识别，它可以让消费者找到熟悉的感觉，而“熟悉”恰巧经常是人们购买某样东西的理由。第二是品牌回想，它可以左右潜在消费者的购买决策，把品牌优先列入消费者的备选。第三是第一提及知名度，它是品牌知名度的最高层次，意味着消费者会在决策时优先考虑品牌，企业也会因此具有强有力的竞争优势。

提升品牌知名度，可以加大品牌覆盖广度，使品牌更易传播出去，让消费者主动来寻找品牌。

8.1 品牌根本

企业或品牌的根本就是其产品，无论营销做得多么花哨，最终留住消费者的都是产品。产品的个性、美誉度、结构等都是影响消费者决策的因素。

8.1.1 建立产品认知

企业主必须对自家的产品了如指掌，这样才能针对产品做出有效的营销策略，这也是提升品牌知名度的根本。那么，如何才能建立对产品的认知呢？下面介绍两种简洁且实用的模型。

（1）黄金圈法则

黄金圈法则是营销人员普遍需要的一种思维方式，其将思考、认识问题的层面分为三个圈，如图 8-1 所示。

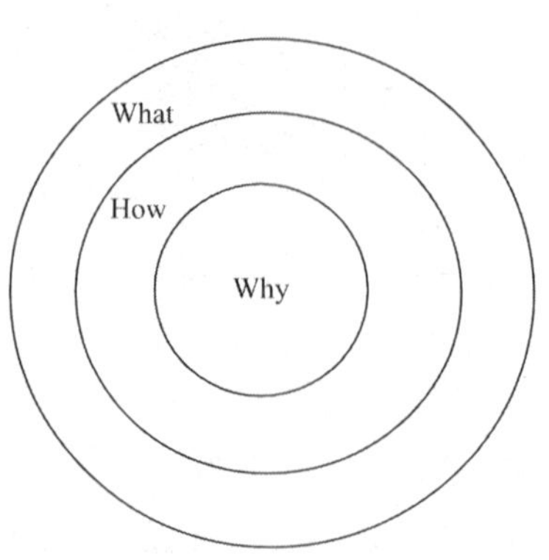

图8-1 黄金圈法则

最外圈是“What”层，是指“做什么”，就是事物的表象和外在表现形式；中间是“How”层，也就是“怎么做”，是指做事的方法途径；最内圈是“Why”层，意为“为什么”，是指要挖掘事物的深层原因和道理。

大部分人的行为模式都局限在最外层，也就是“What”层，没有向内深入挖掘。而黄金圈法则的思考模式则是从内向外，也就是按照“Why-How-What”的顺序思考。因此，黄金圈法则能启发我们用一种更深刻的思维方式去思考品牌的传播。

营销人员使用黄金圈法则，能够从更深、更广的层面，由内到外、由深到浅地对产品进行认知，从而达到更好的产品营销效果。

（2）马斯洛需求层次理论

马斯洛需求层次理论将人的需求分为生理需求、安全需求、社交需求、尊重需求和自我实现需求，如图 8-2 所示。在提升品牌知名度的过程中，营销人员可以根据马斯洛需求层次理论分析消费者的需求，衡量消费者的需求是否已经被产品满足，以此来对产品进行认知和思考。

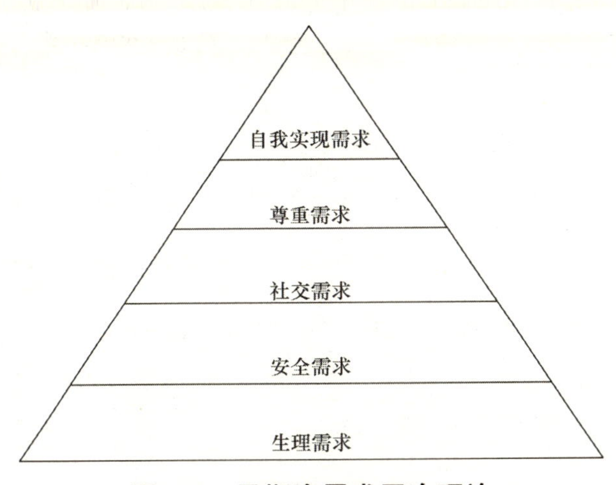

图8-2　马斯洛需求层次理论

品牌的进步和创新都需要营销人员重新建立新的认知，以了解产品的效果、作用和本质目的。营销人员只有足够了解产品，才能更好地服务消费者，打响品牌的知名度。

8.1.2 打造产品美誉度

营销人员形成对产品的认知后，就要对产品进行塑造。品牌是一种信用保障体系，如果产品质量不过关，甚至存在巨大的缺陷，那么无论营销人员怎样操作，品牌都是站不住脚的。因此，营销人员不应只关心产品的销量，也应把着眼点放到产品上来，要帮助产品本身不断升级改善，从而打造良好的品牌形象。

现在的营销模式是以大数据为依托、结合线上线下优势以及物流的进化模式，其本身虽然具有传统营销不具备的优势，但也要严格把关产品质量，让消费者满意。BH（西班牙自行车品牌）公司进入我国市场以来几度转型，在线上线下开展业务，线上订购，线下提货，并在 2018 年重点建设电商平台，转型销售模式，打响品牌的知名度。

销售的核心是过硬的产品质量、极致的产品体验。BH 公司以其过硬的产品质量赢得了消费者的认可，提升了消费者的满意度，从而更顺利地推动企业转型升级。

提升产品美誉度后，企业就能通过长期积累的口碑提升品牌美誉度。品牌的美誉度是全方位发展品牌知名度的基础，反映了品牌在消费者心中的形象和价值水平。营销人员应当了解只有长期的经营培养，才能长久地保持品牌的良好形象，建立品牌的美誉度，扩大品牌的传播范围。

8.1.3 塑造产品个性

企业要让品牌在趋于同质化的市场中脱颖而出，吸引消费者的目光，就需要先实现产品个性化，让产品更加贴近消费者的需求。产品的个性化是指自己的产品与竞争对手相比，在某一方面或者整体上拥有其他产品没有的特殊性。

除此之外，产品的个性化要建立在产品的高品质基础上。企业在以顾客需求为导向设计个性化产品的同时，不能放松对企业的内部管理、生产制度的优化和改善。高标准的产品和服务是产品和品牌的核心竞争力所在。

天猫无人超市的“黑科技”“微笑可以打折”就是一种个性化的产品设计。人工智能可以自动识别消费者的笑脸，并根据微笑的不同程度给出不同的折扣。这是一种十分独特的体验，很直接地突出了产品的个性化。但是，有很多消费者仍对此抱有怀疑态度，认为天猫无人超市有可能因为识别了消费者对某样商品的喜爱而将其涨价。这就要求天猫超市遵循诚信原则，为消费者提供独特、良好的产品体验，做到“有所为，有所不为”，这样才能成为消费者信赖的品牌。

因此，企业塑造产品个性应当利用优势和长处，努力发展创新能力，尊重消费者的需求，在竞争中利用个性化的产品占据优势地位，扩大品牌的知名度。

8.1.4 稳健产品结构，巩固品牌地位

营销人员需要具备的最后一项思维能力是明确产品的价值。也就是说，营销人员要知道产品能干什么。

产品的价值是消费者对产品进行选择的首要因素，是由消费者的需求来决定的。因此，营销人员要细致地分析产品价值的组成，瞄准用户需求，为用户定制符合他们需求的产品价值。这样才能让品牌在消费者心中占据优势

地位，扩大在市场上的影响力。

每日优鲜的产品价值是在一个小时内为中产阶层配送生鲜。因此，每日优鲜针对这个定位重点优化供应链和物流系统，为用户提供最新鲜的生鲜和最快的配送服务。最终，每日优鲜在生鲜配送品牌中脱颖而出，在市场上占据了一席之地。

稳健的产品结构一般由四种产品组成。一是引流型产品，它们可以吸引消费者，引来流量，从而为整个产品组合提供流量。二是销量型产品，它们一般是中低端产品，依靠薄利多销。三是利润型产品，它们一般是中高端产品，盈利水平较高。四是形象型产品，它们一般是最高端的产品，集企业核心技术和品牌理念于一身，单件利润率最高。

（1）引流型产品

引流型产品是企业产品定位中推出来吸引流量的产品。对于新时代的企业来说，流量是十分重要的。流量多意味着产品能够被消费者看到的次数多，售出的概率就大。那么，企业应当如何选择引流型产品来吸引消费者呢？

首先，企业要选择一款成本、价格都合适的产品。其毛利率要趋于中间水平，需要在大量同质化产品中拥有价格方面或者其他方面的优势，从而在市场竞争中脱颖而出，为后期带来大量的免费流量。

其次，引流型产品要能够让大多数消费者感到满意，不能是小众的或大多数消费者没有需求的产品。因为“大众”和“个性”之间存在天然的矛盾，如果产品比较有个性，那么能够接受产品的消费者数量必然比较少，也就无法达到引流的目的。

优衣库深谙产品结构的布局道理，它每一季都会推出许多低价产品来吸引消费者，如图 8-3 所示。

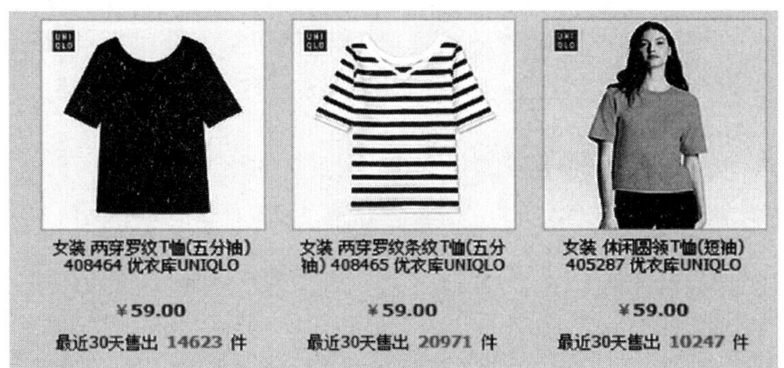

图8–3　优衣库的引流型产品

如图 8–3 所示，这几件标价 59 元的引流型产品销量很高，近 30 天内销量都在 10000 件以上，条纹款达到了 20000 件以上。优衣库选取几款成本、价格比较低，大众都能接受的服装作为引流产品，将消费者吸引过来，在提高销量的同时也提高了店铺的流量。

如果引流型产品为店铺带来了大量的流量，就可以连带为其他产品带来流量，增加其他产品的曝光率。即使引流型产品的价格过低导致单项产品亏损，但其他产品的销量增加可以使企业总体的利润增加。

（2）销量型产品

销量型产品就是采取降价、促销等措施打造的拥有高销量的产品。企业在使用引流型产品将流量吸引过来后，销量型产品可以作为吸引消费者的另一项产品，增加消费者对品牌的认知度和熟悉度，从而拉近和消费者的关系。企业一般依据以下三种目的来设定销量型产品。

① 清理库存

企业经常会有一些生产过剩的积压库存，这些库存可能是尺码不全或者款式陈旧的产品。这些产品并不是消费者的优选，而企业可以采取低价策略将这些产品在价格上对消费者进行弥补，将积压库存打造成销量型产品。这是一个不错的清理库存的办法。

② 增加销量

销售平台和销售渠道以及合作的公司有时会对产品的销量和成交额有要求。这时，企业就需要依靠降价、打折等促销方式对销量型产品定价，利用低价吸引消费者，提高销售量。但是，促销产品不能降低质量，避免消费者对品牌和企业形成不良印象，否则就是本末倒置，影响企业的长期发展。

③ 让消费者体验品牌产品

这是销量型产品最应当起到的作用。通过促销活动，让消费者试用一部分产品，对品牌形成良好的第一印象。然后，企业做好后续的售后跟踪服务，提高消费者的"回头率"，让消费者继续购买品牌产品。

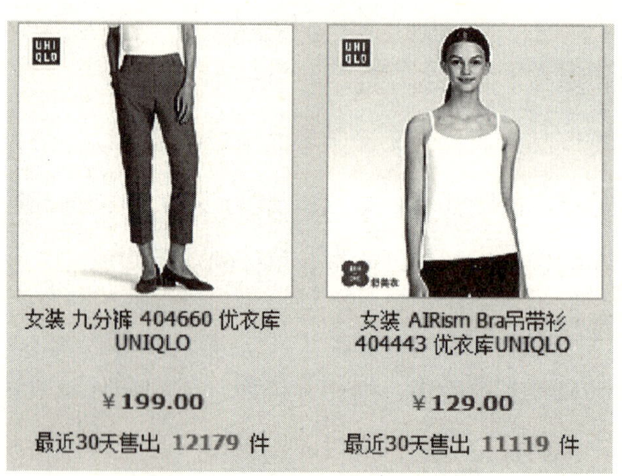

图8-4 优衣库的销量型产品

图 8-4 所示是优衣库的销量型产品，优衣库特意标注了"限时优惠"和降价幅度，以此来刺激消费者迅速做出购买决定。这两款产品的价格和引流型产品相比并不算低，但由于商家将其归类在"限时优惠"的类别下，销量也较高，都在 10000 件以上，对于企业而言是盈利的产品。

（3）利润型产品

利润型产品应当是产品结构中所占份额最高的产品，毕竟盈利才是企业的最终目的。一般在企业销售的各种产品中，利润型产品的价格处于较高水平，而且单个产品的利润较高，是企业获取利润的主要产品类型。

利润型产品由于价格过高，与销量型产品和引流型产品相比，愿意购买的消费者更少。因此，利润型产品相对比较小众，适用于目标消费者群体中的某一部分特定消费者。只有针对特定消费者群体心理设计的产品，而且产品特征满足这部分消费者的需求，才能使这部分消费者踊跃购买产品。

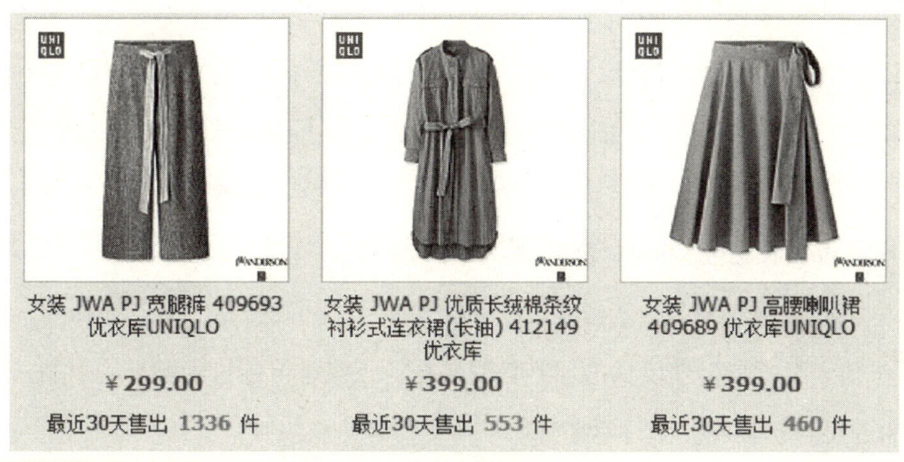

图8–5　优衣库的利润型产品

图 8–5 所示是优衣库的利润型产品，一般在“新作商品”分类下，是当季的新品。

和引流型产品、销量型产品相比，利润型产品的价格比较高，款式比较独特，销量减少了很多，但是单品毛利较高，也是为优衣库盈利的一种产品。

因此，在设计利润型产品时，企业应当在产品的前期设计制作过程中把握消费者数据，精准挖掘这部分特定消费者群体的心理和需求，分析消费者内心的偏好，找到适合消费者的产品卖点、产品设计和价格区间等，对消费者的各个需求因素形成全面的定位。

（4）形象型产品

形象型产品是企业品牌各个产品中的“形象工程”。大多数时候，“形象工程”是没有太多消费者购买的。但是，由于它独特的概念和形象，企业品牌和品牌中各种产品都有了辨识度。对于消费者来说，这恰恰是一个能让他们把品牌和其他品牌区别开的标志，也是形象型产品存在的意义。

形象型产品一般是品质和价格极高、极有特点的小众产品。在企业的全部产品中，形象型产品应当有三五款，能够有效树立品牌形象。形象型产品应当具备强烈且独特的设计风格，并以此来吸引消费者。然而，由于高单价，形象型产品不会有太高的销量。也就是说，企业不会依靠销售形象型产品获取利润，而是用形象型产品提升品牌形象，进而靠这种效应吸引消费者购买其他产品，促进全线产品整体销售利润的提升。

因此，形象型产品在稳健的产品结构中是不可缺少的。优衣库作为一个较平价、存货周转速度快的新零售服装企业，没有价值过于高昂的产品，但YSL 产品结构中就有形象型产品。

YSL 将秀场服装当作形象型产品，价格昂贵，而且不会有太大的销量，只是起到传递品牌理念、树立品牌形象的作用。因此，企业需要根据自身类型做出具体分析。

8.2 衡量品牌知名度提升

虽然品牌知名度对于企业的发展很重要，企业也使用了各种方法提升品牌知名度，但是如何衡量品牌知名度的提升呢？有两个衡量指标，一是营销宣传覆盖度，二是进店转化率。

8.2.1　综合营销宣传覆盖度

近几年，企业都采用全网营销的方式，这意味着宣传渠道的多样化。企业在 App、微信、微博、电商平台、搜索引擎等多个渠道投放广告，覆盖范围极广。这种全方位、多维度的营销方式让品牌的宣传内容随处可见，在很大程度上提升了品牌的知名度。

以三只松鼠为例。三只松鼠连续两年荣获坚果类食品销售冠军，一跃成为我国食品行业的知名品牌。招股书数据显示，2014—2017 年上半年，三只松鼠分别实现营业收入 9.24 亿元、20.43 亿元、44.22 亿元、28.94 亿元；同期净利润分别为 −1286.49 万元、897.39 万元、2.37 亿元、2.41 亿元。三只松鼠的营业收入对比如表 8-1 所示。

表8-1　三只松鼠的营业收入对比

（单位：元）

项目	2017 年 1—6 月	2016 年度	2015 年度	2014 年度
营业收入	2 893 960 159.34	4 422 696 237.71	2 043 0462 013.84	924 472 682.84
营业成本	1 999 780 138.14	3 087 253 780.49	1 493 434 928.38	701 209 491.15
营业利润	322 765 944.97	316 097 760.70	14 613 765.03	-14 788 541.08
利润总额	321 212 155.84	315 844 175.49	15 467 899.61	-14 174 005.61
净利润	240 517 435.68	236 500 303.74	8 973 854.00	-12 864 865.08
归属母公司股东的净利润	240 517 435.68	236 500 303.74	8 973 854.00	-12 864 865.08
归属母公司股东和扣除非经常性损益后的净利润	239 492 079.74	247 717 510.25	2 845 092.46	-23 871 367.07

三只松鼠的营销成绩与知名度的提升，与其全方位、多维度的网络营销是分不开的。

（1）微博转发抽奖

三只松鼠经常在微博发布抽奖活动，用户通过转发微博获得抽奖资格，然后就有机会获得奖品。用户为了获得奖品而主动转发微博，形成传播，以此达到扩大品牌知名度的作用。

（2）电视剧广告植入

《欢乐颂》《好先生》《微微一笑很倾城》《小别离》等电视剧中都有三只松鼠的植入广告。营销广告植入得恰到好处，可以让消费者把剧中场景和自己联系到一起，形成深刻印象。同时，这些热播剧本身就具有极高的关注度，得以让三只松鼠的传播效应进一步放大。从投资回报率来看，这种植入带来的效益是一般硬广所不能实现的。

（3）出同名动画，打造 IP

三只松鼠曾以自己的卡通形象推出了同名 3D 动画《三只松鼠》，总播放量超过 1 亿次，可见其火爆程度。三只松鼠的同名动画更好地维系了品牌与用户之间的感情，同时也布局了三只松鼠的 IP，让其品牌娱乐化，给用户带去更多的欢声笑语。

打造品牌 IP 的同时能为品牌带来更多的关注。从《三只松鼠》这部动画的播放量就能看出，其宣传的影响力和覆盖度是非常可观的，既维护了老客户，又开发了新客户，可谓一举两得。

在全网营销大势之下，营销宣传的覆盖范围越广，就越能有效提升品牌知名度。企业如果像三只松鼠一样多渠道、全覆盖地做品牌营销，就能快速打响品牌知名度。

8.2.2 计算引导进店转化率

营销的最终目的就是成交，实现一个个真实的订单。因此，评价品牌影响力的最重要的指标就是进店转化率。那么，进店转化率要如何计算？又要如何提高呢？提高进店转化率有以下五种方法。

（1）做好视觉营销

视觉营销就是通过产品包装、店铺设计等外在的调整，提升用户的访问量和访问深度。首先，产品和店铺在设计风格上要保持一致，给予用户完整的视觉体验，并做一定的视觉引导，刺激用户行动。其次，设计要有一定的实用性。无论是产品的设计，还是店铺的设计，都要起到促进成交的作用。特别是有亮点的产品一定要突出，放在消费者一眼就能看到的地方。设计做得好，不仅能提升品牌形象，还可以增加用户停留的时间，优化购物体验，从而大大提高成交率。

（2）抓住每一个进店的流量入口

现在流量已经趋于碎片化，而且流量入口较多。因此，抓住每一个进店的流量入口就显得十分重要。抓住流量入口最直接的方法就是抓住用户的喜好。分析从每一个流量入口进入的用户人群特征，从而有针对性地为他提供更多产品，这样可以有效提高成交率，甚至可以增加复购率。

很多企业都会做关联营销，让用户不断地浏览产品，这个过程总能让用户发现自己喜欢的产品，即使不能增加成交量，也能增加店铺的浏览量。

（3）定向推广自然流量

老用户和自主访问的用户都属于企业的优质流量，因为这些用户有极高的转化率。因此，企业要根据这些用户的特征适当地做定向推广。具体做法主要是收集用户的搜索数据、消费数据以及能承受的价格，用这些数据来提升投放的精准度，将产品推向更多需要它的人。

（4）产品详情介绍

产品的详情介绍是影响成交率的最大因素。因此，这个详情介绍不能随波逐流。另外，由于有些产品的转化率高，有些产品的转化率低，所以每一个产品的详情介绍也要不同。

主推产品的详情介绍一定要突出其主推款的定位，用活动预告等渲染活动氛围，强调其与普通产品的差别。另外，产品的详情介绍一定要有对产品的全方位展示：首先是展示产品的全貌，其次是产品的细节和反面，最后是产品的参数说明和颜色尺寸。同时，所有产品页面的颜色、排版等基本要素要一致。

产品的详情介绍里还可以搭配一些推荐单品，或者给产品设置套餐，增加产品导购功能，以丰富产品的内容。最后，产品的详情介绍页中还要加入物流服务和售后服务的介绍，消除用户的疑虑，提高转化率。

（5）服务

销售行业的服务质量直接影响用户的购物体验。不仅是对新用户，对老用户也同样要注意服务质量，否则很可能导致老用户流失。经常为老用户提供一些优惠，这样不仅能提高店铺的复购率，还能带动新用户购买产品。

8.3 玩转 IP，与用户建立深度共鸣

以前的营销方式效率很低，通常是通过口口相传，建立口碑来提升品牌的知名度。但是，这样的方式只会造成信息偏差，而且见效慢，不适合当今的市场环境。很多经典品牌都不需要营销，消费者往往会主动去找他们。例如，“大白兔”已经和奶糖绑定到一起，甚至形成了自己的 IP，跨界做其他产品，成了网红品牌，与用户建立了深度共鸣。

8.3.1 与 IP 深度共建，无缝衔接

在消费升级的大背景下，即使是刚性的消费需求也被赋予了比以往“多

一点”的需求。例如，将吃饭升级为对健康的需求，将穿衣升级为表达自我的需求，将住所升级为情感的归宿，将出行升级为对生活的感悟，等等。注重品质已成为当下主流的消费观，消费者在满足自我需要的同时还渴望更优质的消费体验。

同样，IP 营销也迎来了新方式。不同于以往捆绑热点 IP 进行营销，现在多是让品牌和 IP 深度共建，为品牌打造专属的营销方式。

腾讯的《PLUS 生活研究所》以“PLUS 精神”为切入点，延展出节目主题、参演嘉宾和环节设置等内容，将节目和品牌用 IP 共建的方式“加”在一起，实现共同的价值提升。

（1）数据 PLUS

腾讯深入洞察大众 4 款主打车型的车主及潜在消费者，发现他们都追求“追求品质、不盲从”的生活态度。同时，腾讯通过数据分析发现，在出行目的地和认同的艺人形象选择上，大多数车主都会选择欧洲和黄磊。

因此，腾讯就联手大众汽车打造了一档由黄磊领衔的真人秀节目《PLUS 生活研究所》。“生活不将就，就得 PLUS 一点”的节目主题既表达了目标用户的生活态度，也诠释了大众汽车的品牌理念。

（2）内容 PLUS

《PLUS 生活研究所》以衣、食、住、行为主题，匹配了相关领域的意见领袖和媒体人。这些人和黄磊作为体验官，通过国内外的实地体验，让 PLUS 生活理念得以延伸与传递。节目中穿插的花式口播及使用场景呈现，无时无刻不在提醒观众注意大众汽车的产品亮点。

①“食之 PLUS”中，途锐是主打车型，载乘嘉宾们一起寻找“食”的故事。途锐低调的外观、考究的用料和精致的做工对应了节目主题，即“家常”与“星级”味道的对比。

②“衣之 PLUS”中，Tiguan R-Line 是主打车型，其独特的设计、高质感的外观和内饰以及适合人体设计的控制面板对应了本期主题，即舒适与品质的融合。

③“住之 PLUS”中，夏朗是主打车型，其巧妙的空间布局和极高的空间利用率对应了这一期“家”的节目主题，即归属感和人情味。

④“行之 PLUS”中，蔚揽四驱旅行车是主打车型，其优雅与动感的外观设计和非凡的工艺品质对应了在出行中感知生活的节目主题，让消费者感知到了原汁原味的欧式休闲旅游生活。

（3）参与 PLUS

真人秀播出期间，大众汽车的官网同步推出了“上传你的 PLUS 时刻”活动。参与者上传自己的 PLUS 时刻并分享感受，就有机会赢得欧洲试驾体验游，重走节目中的路线。

腾讯与大众汽车的 IP 立体化合作运营方式，形成了线上线下的长效传播，进一步延伸了 PLUS 精神，提升了 IP 合作的价值。

（4）传播 PLUS

腾讯发挥平台优势，将 PC 端、App 端、OTT 端、腾讯网等平台整合起来，通过闪屏广告、频道焦点图、推送等多种形式覆盖用户日常使用的多种场景，以引发用户的关注。

在节目的运营推广上，腾讯结合每期主题推出各种话题，同时剪辑符合用户喜好的花絮，既为新一期正片设置悬念，又能满足观众在停更日的追片需要，时刻紧抓用户眼球。除此之外，黄磊和其他嘉宾在腾讯官方微博等平台积极互动，也引发了巨大的粉丝效应。

《PLUS 生活研究所》上线后第一期就达到了 2250 万次的播放量，8 期总计 1.29 亿次的播放量。大众汽车也收到了 5 万条试驾信息，实现了广泛的品牌传播。

《PLUS 生活研究所》让大众汽车与腾讯通过 IP 共建，实现了品牌的无限可能。从用户需求出发，深挖品牌文化内核，整合各方优势与资源打造原生内容，在与消费者对话的同时建立情感共鸣，最终实现内容价值与商业价值的共赢。

8.3.2　线上线下多元转化，实现品效合一

从《偶像练习生》《热血街舞团》到《延禧攻略》，爱奇艺打造爆款的能力一次又一次地给市场带来了巨大的惊喜。但是，爱奇艺并不满足于获取线上流量，它早已开始开拓线下市场，多渠道满足用户需求，以实现线下流量价值。

暑期档是各大视频网站的“兵家必争之地”，爱奇艺不仅在暑期档打造了《延禧攻略》《中国新说唱》《四海鲸骑》等线上内容，还打造了“夏日青春漾”的线下活动，在 33 天内推出了 34 场小活动，遍布五大城市，覆盖线下近 10 万人，通过演唱会、嘉年华等多种形式的活动聚集粉丝。

爱奇艺在暑期档推出的“33 大潮玩计划”，借助综艺、剧集、动漫等形式制定了多种玩法。用户不仅可以在线上参与互动答题赢奖品活动，还可以参与在上海、北京、成都、广州、深圳五大城市举办的魅力展。爱奇艺针对每座城市的特点设计了专属主题，并配以多重场景，让所有参与者都能感受到新意。

爱奇艺用“音乐 +IP”的思维打造的“夏日青春漾”尖叫之夜演唱会，集结了田馥甄、李荣浩、许嵩三位实力歌手，并邀请平台知名综艺《热血街舞团》《偶像练习生》《中国新说唱》的热门选手，为用户提供了一场顶级线下音乐会。爱奇艺这个模式打破了平台的资源壁垒，完善了娱乐生态布局。

依托科技创新，通过线下、线上等多元模式让用户亲密接触偶像，从而调动粉丝的积极性，满足其深层次交流的诉求。

纵观爱奇艺的发展战略，无论是在内容制作、付费营销，还是将 AI 引入娱乐等领域，爱奇艺都是创新者。因此，爱奇艺提早布局线下，才能在激烈的竞争中脱颖而出。

首先，爱奇艺深挖线下流量，进行多场景营销互动。互联网下半场，企业开始追逐线下流量红利，试图融合传统行业。以亚马逊为例，先是以电商平台颠覆传统书店，然后积极布局线下，结合其平台读者的信息在产品销售上做出创新。爱奇艺开发线下资源，不仅能扩大用户群，还能利用场景营销来运营 IP，不断地激发用户的潜在需求，形成情感共鸣，以产生更大的 IP 效应。

其次，IP 与线下场景相融合，有利于打造沉浸式的娱乐体验。从“PAO PAO FANS 主题日”到粉丝嘉年华，爱奇艺利用多样化线下场景打破线上 IP 之间的“单点模式”，塑造“IP 网状结构”，实现从头部 IP 到线下场景的互动，从而促进品牌价值的双向提升。

最后，线上线下联动，IP 才能实现价值最大化。提到 IP 价值最大化，迪士尼可以说是一个经典案例。从唐老鸭到白雪公主，再到狮子王、海底总动员、冰雪奇缘等，这些热门 IP 共同组成了迪士尼王国。

将价值最大化的方法就是丰富商业模式，爱奇艺是“一鱼多吃”的模式，即通过将文学、影视、网游等多个 IP 串联起来，然后用广告、衍生品等把它们货币化，从而完全吃透一个市场。IP 连接的背后是大量用户的支撑，爱奇艺移动端月活跃用户达 4.213 亿。如此庞大的用户群，再加上爱奇艺以内容为核心的竞争力布局，足以制造爆款影视综艺 IP。

许多人常把爱奇艺与 Netflix 对比，但 Netflix 是比较简单的“内容 + 订阅”

的商业模式，更像是爱奇艺的基础业务。我国市场的体量大、竞争激烈、变化多，爱奇艺要打造完整的娱乐生态，不能只像 Netflix 一样运用基础的商业模式，还要像迪士尼一样充分结合线上线下的资源来运营。

未来我国的消费市场，娱乐型消费将占有很大比重。传统商业模式正在受到冲击，主题娱乐产业的消费却在迅速上升。我国娱乐行业的 GDP 占比较美国仅低 2%，可见我国娱乐产业有很大的发展空间。

随着人均 GDP 的增长，以及年轻群体的崛起，大众对精神娱乐的需求日益旺盛，仅线上的内容已不能满足。因此，我国线下娱乐行业正处于高速发展阶段，为未来留下了很大的发展空间。互联网技术就像催化剂，可以让线下内容扩散得更迅速。网络视频作为线上娱乐业的主要领域，很容易就能抓住线下市场这个空白。

爱奇艺的“线上 + 线下”双渠道联动是为了强化 IP 价值。以小说为例，小说内容可以延伸出电视剧、游戏、主题公园等场景，一旦形成 IP 产业链，就能将用户黏度扩展到最大范围。

爱奇艺成功地将旗下的优质内容打造成多种线下活动，为 IP 覆盖更多的用户群创造了条件。将粉丝聚集到线下，不仅能满足粉丝认同与分享心理，还有助于加深粉丝与 IP 的连接。如果能将 IP 场景完美重现，这种互动体验更能击中消费者的痛点，最大化 IP 的价值。

爱奇艺紧握娱乐产业最核心的资产，即 IP。企业用线下场景帮助 IP 运营，推动 IP 变现。以《偶像练习生》为例，粉丝不仅可以在线上追节目，还能在线下参加拉票会。

由此可见，爱奇艺的系列活动其实是在打造一个个场景，用场景产生互动和流量，从而持续运营 IP。随着线上线下多元塑造，促使 IP 产生复利效应，让 IP 得以带来综合变现，最终打造“线上娱乐王国”，实现品效合一。

8.3.3 麦当劳与《全职高手》的互相成就

阅文集团旗下的人气 IP《全职高手》与麦当劳合作让品牌营销再升级。《全职高手》为麦当劳定制 3 集番外动画，而麦当劳上线的全职高手 3D 玩具套装帮助麦当劳在暑期营销中脱颖而出。

《全职高手》是二次元的电竞网文 IP，阅文为该 IP 规划了“二次元先行”的孵化策略，先通过动画提升该 IP 的人气。《全职高手》第一季动画收获了 12 亿次的播放量；动画特别篇上线后仅一个月，播放量就突破了 3 亿次。

以高人气为基础，《全职高手》成为品牌面向年轻消费者开展跨界营销的最佳选择。其中，快餐领导品牌麦当劳、饮料品牌美年达、手游《梦间集》以及汽车品牌福克斯都借助《全职高手》IP 与目标消费群体进行沟通。

以麦当劳为例，位于上海和杭州的两家全职高手主题店都收获了巨大的人气。其中，上海雅居乐店的最长排队时间超过了 4 小时。另外，麦当劳与《全职高手》共同发行的主题“麦乐卡”，首日销量便超过了以往合作 IP 的销量，引发了广大粉丝的集卡热潮。

与麦当劳合作时，阅文在第一季动画的剧情中就进行了深度内容植入，为麦当劳定制剧情进行营销。主角叶修退役后走进麦当劳的门店，并说：“开心时，要吃薯条庆祝；难过时，要吃薯条平复。”不仅如此，麦当劳的广告还基于《全职高手》的剧情进行定制，将二次元人物的声音、形象完整地融入麦当劳这样的三次元场景中。

阅文还对《全职高手》中的虚拟人物用“IP+idol”模式进行开发。在男主角叶修生日当天，阅文联合元气阅读 App 鼓励粉丝参与应援，将叶修的名字在上海花旗大厦的电子大屏上点亮，成为国漫中的巨星。另外，主角叶修还代言了美年达品牌，与演员刘昊然穿越次元星共同代言，而叶修主题的动漫瓶也获得了粉丝们的追捧。《全职高手》的其他角色如周泽楷也曾为麦当劳“那么大甜筒”代言，令该产品在门店一度出现脱销。

阅文在《全职高手》的 IP 开发上还引入了“元素授权”的新形式。该形式虽然并未在与麦当劳的合作中使用，但在与《梦间集》的合作中，阅文授权《梦间集》在游戏中推出了小说人物叶修、黄少天的武器，即千机伞和冰雨，让玩家体验成为小说主角的快感。

“动漫先行”的策略孵化已成为国漫 IP 发展的未来。《全职高手》IP 与麦当劳等品牌的合作将进一步加深，向围绕 IP 情节和人物的定制化发展，以粉丝为中心进行运营，真正实现 IP 的价值最大化和可持续发展。

第9章
PART 9

深度种草（Relation deepening）：链接商品的不是媒介，而是“人”

营销人员在进行了一系列营销活动后，品牌应该已经给用户留下了深刻印象，有些用户甚至因为品牌的知名度、服务质量、性价比等成为品牌的积极拥护者。这时，企业就可以开始收获行动用户，激活用户的价值，促进品牌力的增长。

9.1 衡量行动用户转化率

营销人员确定用户具体的行动转化率有两个步骤：第一步是计算用户的支付转化率，看通过前期的营销宣传有多少用户付款；第二步是分析这些用户，追踪用户行为，生成个性化的营销方案。

9.1.1 计算用户支付转化率

支付转化率是访客转化为支付买家的比例，其计算公式如下。

$$\text{支付转化率}=\frac{\text{一定时间内支付买家数}}{\text{访客数}}$$

支付转化率是一个核心数据，它一般有两种。

一种是针对整个店铺的支付转化率，它是由店铺中产品的平均支付转化率得来。因此，要想控制店铺的支付转化率，就必须控制产品的支付转化率。

另一种是针对产品的支付转化率。产品支付转化率有一个同行平均支付转化率，因此，企业必须控制支付转化率在同行平均数据之上。大于同行平均支付转化率，说明企业的产品受欢迎；低于同行平均支付转化率，则说明产品的竞争力比较低。

因此，企业要根据产品的访客数、访客来源关键词分析支付转化率，分析是什么原因令支付转化率高，是主图、详情、内容，还是活动。找到原因，然后将优势因素进行复制，以提高其余产品的支付转化率。另外，企业也要找出产品支付转化率下降的原因，然后不断地提高产品的支付转化率，否则这个产品将会为品牌带来不利影响。

如果企业的访客数不多，支付转化率高，是一个好现象。因此，当企业的支付转化率提高了，再提高访客数，这是一个好趋势。这时企业要寻找流量来源，优化流量来源，并加大投入。

另外，企业要做好关联销售，制定合理的价格区间，做好活动引流。当然，企业还要保证产品质量，做好销售服务工作，让更多消费者成为回头客，并且主动帮忙传播。

9.1.2 分析目标用户，优化营销追踪

用户在浏览网站、观看视频、发送邮件时都会产生大量的数据，企业要做的就是从用户的这些行为中获取自身需要的有效数据，不断积累用户数据，最终实现用户增长。

亚马逊作为全球知名的电子商务公司，便是通过整合营销、精准定位用户行为的方式获得数据，最终成为全球互联网巨头之一。例如，如果一本历史类书籍在亚马逊上市，亚马逊会对其进行以下推广流程。

首先，亚马逊挑选购买过该历史类书籍的用户数据，同时举办“你最喜爱的历史书籍”等投票活动来确定潜在用户。

然后，亚马逊对目标用户群体的行为特征进行分析，制定恰当的促销方式。例如，网页浏览痕迹显示用户更倾向于选择价格低廉的配送方式，这说明用户期望配送费便宜，因此推广时适合采用“购买该书籍免运费”的方式。

最后，亚马逊会对用户的反馈信息进行记录。例如，用户是否收到推广邮件、是否打开邮件、是否进入销售界面等，这些数据有助于日后的推广活动。

亚马逊通过多种方式对用户数据进行积累，使其转化为一种独特的营销方法，持续不断地为用户提供个性化服务，让用户获得更出色的服务体验。企业在营销追踪时也需要掌握以下三点技巧，如图 9-1 所示。

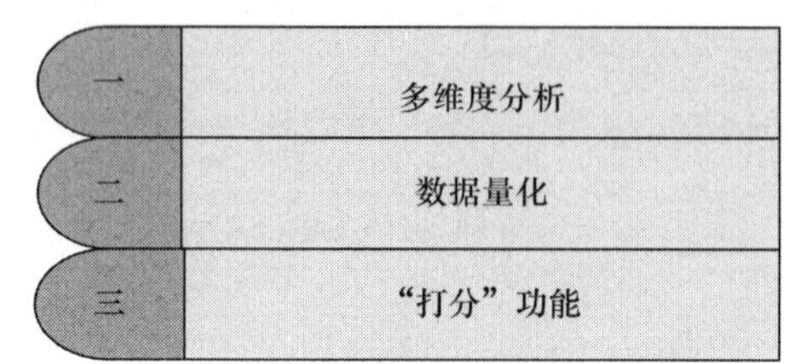

图9-1　营销追踪技巧

（1）多维度分析

针对不同维度的营销活动，企业就要侧重分析不同的用户数据，包括用户的地域、性别、年龄等，从而实现精准营销。例如，目标用户大多居住在北京东城区，那么线下活动的地点就要选在北京东城区。否则，即使优惠力度很大，很多用户也会因为路途遥远而放弃。

（2）数据量化

量化的数据包括用户的浏览历史、购买产品的价值、购买次数、最近一次购物的时间等。这些量化的数据可以使企业判断用户的价值、用户接受信息的难易程度，以及用户对产品的喜爱程度，进而制定正确的营销计划，有效提高用户的转化率与购买率。

（3）“打分”功能

企业的营销渠道应该添加“打分”功能，它能直观分辨用户的喜好程度，从而避免无效推广，节约人力物力资源。

全球知名的女性品牌多芬推出过一则经典的个性营销广告“You are more beautiful than you think ”（你比想象中更美）。多芬的用户是 18 ～ 30 岁的女性，这个年龄段的女性要完成多次身份转变，即从好学生到好女孩，到好妻子，再到好妈妈，她们的情感最容易波动。因此，有情感共鸣的产品更能打动她们。

多芬经过一段时间的策划以后，先是请来美国罪犯肖像艺术家萨莫拉，又找来 7 位女性，由 7 位女性描述自己的外貌，再由萨莫拉依据这些女性的口述画出画像 W。然后，多芬找来 7 位陌生人，让她们描述这 7 位女性的外貌，并由萨莫拉画出画像 M。

对画像 W 的描述大多带有悲观的观点，如“我的眼睛太小了”“我的鼻梁太低了”“我的脸太圆了”等。而对画像 M 的描述则乐观得多，如“她的嘴唇很性感”“她的脸蛋很可爱”等，如图 9–2 所示。

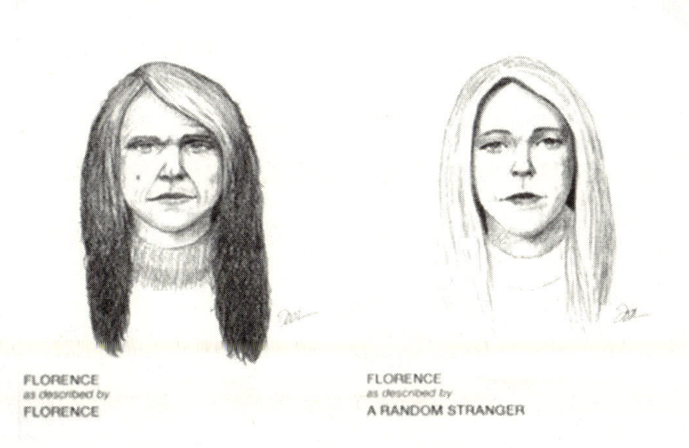

图9–2 左边是画像W，右边是画像M

女人很容易低估自己的美丽，而实际上，她在别人的眼里比自己想象的更美丽。所以，女人要相信自己的美丽。多芬针对这个观点，推出了广告“You are more beautiful than you think ”（你比想象中更美），在女人们丧失自信的时候给予她们坚定的鼓励。

如今的广告形式越来越多样化，如何在多样的形式中找出最适合用户的方案，才是企业需要重视的问题。而通过精确的用户分析，追踪用户的行为，生成最适合目标用户的个性化营销方案，才能提升用户的体验。

9.2 积累经验，建立精准获客策略

区分用户要从获客开始。为什么有些企业的营销工作做得如火如荼，最后付款的用户却寥寥无几？这是因为它们没有获得有效用户。因此，企业需要建立精准的获客策略，激活用户价值，驱动品牌增长。

9.2.1 自定义用户行为，划分第一方、第三方人群

移动互联网时代，信息碎片化，消费个性化，导致了广告严重浪费。其中很大程度是因为营销人员缺乏广告投放的专业知识，即使广告产生流量，也不知道哪部分广告费发挥了作用，甚至根本不知道如何去找目标用户。

没有一个产品适合每个人，因为每个人的需求点都不一样。因此，企业在做营销时就需要选择不同的渠道和方法。以新产品推广为例，有的产品需要投放软文，有的产品需要投放微信大号，有的产品需要举办发布会，等等。这是因为每个人会由于自身不同的需求而被不同的卖点吸引。所以，营销人员需要自定义用户人群，建立精准的获客途径，才能保证获得有效用户，提升产品销量。

所谓自定义人群是一种特殊的定向条件，营销人员可以针对不同的用户群体建立自定义受众，从而锁定高潜力用户和目标用户。例如，营销人员投放一个广告计划，需要覆盖已注册 App 但未付款的用户，营销人员就可以根据过去 1 个月注册 App 的用户创建受众，还可以对其他已经投放过的用户进行屏蔽。

自定义人群主要是为了以下两个目的。

第一，锁定高潜力人群。营销人员基于用户数据和其他第三方数据锁定这部分人群，进而进行老用户二次转化，这适用于金融、游戏等领域。

第二，排除非目标人群。营销人员同样可以基于数据不再将广告投放给某些用户，如已经投放过的用户或曾安装某个 App 又卸载的用户等。

通过大数据分析，将广告投放给高潜力人群。在这个过程中，营销人员不仅可以制作用户画像，还可以精确分析用户状态，从而制定相应的营销策略，设置适合的场景将信息传达给受众。

以腾讯社交广告平台为例，企业投放广告可以根据地域分布、性别、学历、喜好倾向等信息筛选用户，划分出第一方、第三方人群，实现基于受众的精准投放，有针对性地触达精准人群。

例如，某个餐厅品牌利用微信广告的自定义打点辐射功能，以店铺周边为锚定点，结合用户属性和兴趣标签进行广告投放。这种方式增加了广告投放的灵活性和自主性，避免了不必要的资源浪费。最终，该餐厅获得了极好的营销效果，总曝光超过 10 万人次，卡券领取率达 80%，很多消费者到店后还选择了其他优惠，引流效果十分明显。

9.2.2 激活用户价值，驱动品牌增长

互联网行业发展至今，各大企业都把获取更多用户作为营销重点，以至于在获客阶段大力投入资源。但如今人口红利逐渐消失，获客成本增加，投资回报率却越来越低。在获客成本日益增长的大趋势下，企业应该在激活存量用户上投入更多资源，这个工作的性价比更高。

将资源投入激活存量用户阶段，不仅可以提高投资回报率，还能提升用户留存率。市场上大部分 App 在第二天就会流失 70% 的用户，因此，提升早期用户激活率，甚至可以提升后期用户的留存和盈利。

激活率是指新用户在一定时间达成激活任务的比例。例如，Dropbox 的激活率是注册一周内上传文件的用户数与总注册用户数的比值。这个激活率可以根据产品的价值点来制定。

激活用户的核心任务是让用户最快感受到产品的价值。当用户学会产品核心功能或感受到产品独特的价值时，都会不由自主地选择保留产品并进一步了解它。例如，当用户第一次使用美颜相机时，发现拍出的照片比普通照片好看得多，肯定会选择保留这个产品用于下次拍照。而用户感受到的这个价值点就是他留存的理由。因此，企业要找到这个价值点，让更多用户体验它，从而将陌生用户变成忠实用户。现在已经不是“酒香不怕巷子深”的年代了，如果用户体验不到产品的价值，很快就会成为流失用户。

另外，这个所谓的价值点并不是产品设计者认为的价值点，而是用户体验到的价值。因此，营销人员需要先定义可能和用户留存有关系的功能，再根据数据分析找到与用户留存正相关的行为。例如，使用 A 功能的用户的留存率比使用 B 功能的用户的留存率高 20%，那么 A 功能很可能是价值点，营销人员可以通过用户访谈的形式验证之前的猜想，最终确定产品的价值点。

每个产品的价值点都不相同，有的是一个功能，有的是一系列行为。找到了产品的价值点，企业需要进一步将它们数据化，以方便日后对产品进行改进。

总之，激活的存量用户越多，用户的留存率就会越来越高。这样就可以最大程度地降低产品的获客成本，从而提升品牌价值。

9.3 从种草到变现，用户价值最大化

种草是指对某事物产生想要拥有的欲望的过程。如何让大多数用户在种草过后选择付款，是每家企业都在考虑的问题。种草营销其实相当于运营口

碑，让用户通过他人的分享产生购买欲望，进而购买产品，然后再次分享，以让他人产生购买欲望。在这个过程中，用户价值也就实现了最大化使用。

9.3.1　小红书的种草导流模式

小红书创始人瞿芳曾说过：“在社交媒体时代，广告被重新定义了。广告变成了口碑，变成了真实的推荐。小红书上的每一篇口碑推荐，对于用户来说就是最好的广告。”

站在用户的角度，小红书这种以 KOL 为核心的种草营销越来越受欢迎，因为它强调体验感，看起来比传统的硬广告要真诚许多。

小红书的带货能力也的确不负它重要的营销价值。小红书作为一个生活方式分享社区，覆盖了时尚、美妆、美食、出行等多个领域。2019 年，小红书的用户突破 2 亿个，主要是“90 后”的年轻女性群体，其中高收入人群占 51%。这样强大的用户群体造就了小红书的电商属性。小红书长期制霸社交类应用软件榜首，可见其非常受欢迎。

小红书平台上的达人分享充分满足了用户获取购物信息的需求。其中，覆盖全球上百个国家和地区的旅行笔记帮助上千万用户找到了心仪的目的地。可以说，小红书作为品牌传播的阵地，通过输出真实的推荐内容完美地为品牌提升了口碑，帮助用户种草，提升了产品销量。

小红书是介于电商和社区的一种模式。那么，小红书如何利用这种新模式帮助品牌导流、种草、卖货呢？

（1）新品上市，全方位展示产品卖点

新品上市，最重要的就是快速获取用户的认知，提升转化率。因此，品牌可以在新品发布前后让不同的达人创作不同的内容，分别侧重产品使用、功能、测评、安全性、包装等各个方面，以此来对产品进行全方位展示，吸引用户种草，实现品效合一。

例如，艾诗摩尔 U 型洁牙仪为提高用户的认知，联合微播易锁定了 19 位小红书达人进行种草。其中,“蛋打撕葱”通过翻拍《还珠格格》热门片段，巧妙植入艾诗摩尔洁牙仪的产品优势，成功助力了“双十一”大促。

（2）品牌活动宣传，达人参与体验并分享扩散

品牌可以邀请不同行业的达人体验产品并种草，为产品活动进行宣传。例如，品牌先在小红书发起活动，进行预热；然后，邀请小红书达人参与体验，并分享扩散使用感受；最后，用户在达人的带领下产出优质内容，形成爆款产品。

星梦邮轮体验开放日活动招募体验者，就是以小红书为第一招募平台，吸引目标用户报名活动，通过体验扩散提升品牌口碑。

（3）日常带货

品牌通过多位达人分享对产品的真实体验，以图文、视频形式进行千人千面的持续曝光，以促进用户对产品进行“发现—了解—种草—搜索”的动作转化，提升品牌整体的关注度，助推产品销量。

例如，芭比波朗为推广胶囊气垫粉底和唇膏，联合微播易进行了两次种草营销。第一次邀请 25 位不同圈层的达人进行亲身图文种草，获得了 306 万次的总曝光量。第二次邀请 43 位美妆达人进行图片种草，全部以“全脸出镜 + 唇膏试色”的形式真实展现了产品的使用效果，获得了 2196 万次的总曝光量。

（4）明星代言人

品牌通过明星在小红书上发布试用体验，引发各路媒体进行报道，然后随着达人用户的内容迅速集中响应，分发扩散，打造出全网爆红的明星产品。

例如，ISSF 虫草粉底与袁泉合作，借助明星的流量优势在社交媒体平台

上强化产品养肤和水光妆效的卖点。80 位达人的测评内容轮番“轰炸”，瞬间刷屏小红书，总曝光量达 1.9 亿次。

（5）热点营销

品牌还可以借助热点 IP 引发用户兴趣，使达人用户自发产出内容，二次传播产品，掀起产品与热点相结合的传播热潮。

例如，法国娇兰借势《延禧攻略》推广爆款口红，通过小红书发布富察皇后同款色号，并联合女主角发布试色视频，引发用户疯狂种草，如图 9-3 所示。

图9-3　娇兰口红推广

9.3.2 抖音种草：“双十一”最省钱的宣传模式

如今，线上系列产品最多的就是抖音了。在抖音种草模式的影响下，更多产品被搬上了抖音榜单，进而迅速影响其他电商平台的销售走向。因此，抖音可以说是“双十一”等大型电商节前期最具性价比的宣传方式。

（1）种草模式，人人都有机会

抖音种草号并没有申请限制，而且可以获得抖音的流量扶持。可以说，只要用户把抖音种草号的流量搞起来，展现产品的特质，就很容易变现。

（2）随意逛街，认真种草

抖音最成功的点就是在潜移默化中改变了用户的生活习惯。用户每天早起时都会随意翻翻抖音，调节一下精神，可能之后用户的每个早晨都离不开抖音了。

抖音种草的精髓就在于短、快且真实。人们喜欢离自己近的事情，这样的事情会让人们产生自然而然的代入感。而带货视频也恰巧是由喜欢的物品、呈现其价值、特定环境三个元素组成，满足了这三个元素的种草视频何愁产品无法推广呢?

（3）定位清晰，可获抖音流量

如何才能玩转抖音种草模式，达到最佳传播效果呢？其实只需要两步，第一步是确认定位，了解玩法；第二步是获取抖音流量。

① PPT 书单类

PPT 书单类视频制作简单，容易上手，只需要图片加文字即可，很适合一人操作几个号。但是，目前竞争激烈，必须有足够的新意才能吸引消费者。

② 搬运解说类

搬运解说类视频非自己原创编辑，而是采集淘宝、小红书、快手的视频，配上语音解说或字幕。但是，搬运很可能有侵权的风险，所以在原创视频选择上一定要谨慎。

③ 口播演示类

口播演示类视频是自己做产品的使用演示，最重要的是拍摄清晰，还原真实的体验感。这类视频最具有商业价值，抖音官方会提供很多活动和流量支持此类账号。

④ 真人出镜类

真人出镜类视频的制作难度最大，但收益期会更长，回报也是最大的。

最关键的是出镜人会卖货，表达能引起大部分人的共鸣。

最后就是抖音的流量获取。流量是销量的保证，抖音推荐机制的主要关键词是基础流量、叠加推荐、时间效应。抖音会根据种草视频获取的基础流量，即点赞量、评论量、转发量、完播率等，进行二次推荐和长时间推荐。

第 10 章
PART 10

众媒养成（Owned self-media）：任何触点都可以成为用户转化的传播源头

企业营销的最终目的就是促使更多的用户转化，为产品贡献销量。链路营销是一个销售闭环，其中任何一个场景都可能成为用户转化的触点。而企业要做的就是把握好这些转化的关键点，沉淀用户，让他们成为企业资产。

10.1 沉淀用户资产

如今在互联网发展的大背景下，许多企业都在寻求转型，进军电商领域。然而，在中心化平台上，头部用户占据了80%的流量，让许多企业根本无流量可用。因此，企业就需要沉淀用户，把用户变成企业的私有财产，生成自己的流量。

10.1.1 数字化呈现用户与品牌关系

链路营销作为新兴的营销模式，结合了场景营销和数字营销。随着互联网技术的升级和大数据技术的日渐成熟，大数据技术在营销过程中的应用也越来越多。通过融合线上线下的数据，大数据技术能够帮助企业描绘用户画像，数字化呈现品牌与用户的关系。

大数据是怎样应用于营销过程的呢？例如，最近有一部广受期待的电影即将上映，而消费者在观看电影后的消费情景可以视为一个潜在消费场景。看电影是一项娱乐活动，一般都是几个人结伴参与，所以总会和其他娱乐活动联系在一起，如聚餐、唱歌等。平台应根据用户的需要为他们推荐相关场景，这时就需要大数据技术让推荐变得更加精确。

大数据技术可以根据用户的性别、年龄、消费水平和偏好等数据描绘用户画像。以用户画像为基础，企业可以清楚地看到用户与品牌呈现正相关还是负相关，以此帮助企业更好地沉淀用户。

云南白药牙膏官方旗舰店在开业时并没有把注意力放在短期的关注量和成交量上，而将营销的重心放在了“如何通过新店开业，为品牌有效沉淀长期营销优势”这一焦点上。在阿里大数据的支持下，云南白药选择黄晓明、井柏然两位代言人，设计“帮爱豆上头条”的明星 PK 活动，激发了众多粉丝的踊跃参与。在此活动的助推下，新店在短短数天内就得到了 30 万粉丝的关注，为店铺日后的运营打下了坚实的基础。

由此可见，大数据技术能够为企业找到最精准的用户，量化用户与品牌的关系，帮助企业沉淀用户资产。

10.1.2　沉淀私有用户资产

互联网经济发展至今，我国网民的数量越来越多。但是，不少人发现如今的用户虽然越来越多，而流量却越来越少、越来越贵了。这是因为，一方面，许多互联网企业的交叉业务变多，导致竞争日益激烈；另一方面，技术进步让流量获取变得更加容易，流量数量不变而争抢的人变多了，流量自然就越来越贵。

因此，企业需要沉淀私有用户资产，利用各种手段将用户留存下来，而不是只单纯考虑品牌传播的效果。营销人员必须依靠一切手段蓄积流量，使其能够循环往复地被企业使用，如图 10–1 所示。

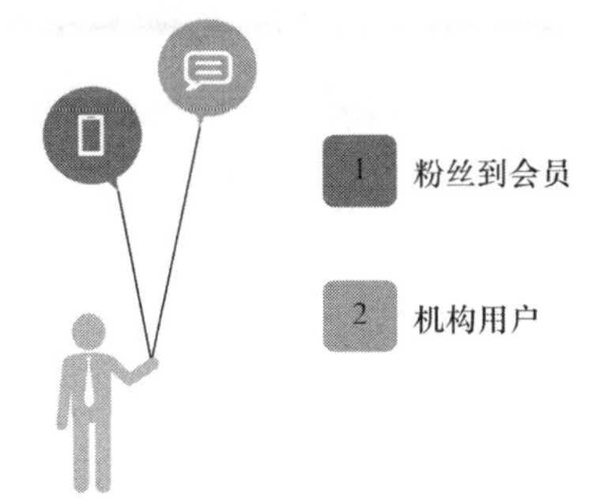

图10–1　营销人员如何蓄积流量

（1）粉丝到会员

互联网时代，用户就是一切。对于企业而言，最有价值的用户就是粉丝。但仅把用户变成粉丝并不能有效为企业带来回报，还需要实现粉丝到会员的跨越。

罗振宇第三场《时间的朋友》跨年演讲结束后，App 新增注册用户达 120 万。其中的会员用户更是数以万计，为企业带来了巨大的收益。早在两年前，罗振宇的第一场跨年演讲开幕时，罗辑思维就已经在布局把粉丝变会员了。

3000 张外场门票，价格从 880 元到 1280 元不等，基本全部售完。再加上预售的 500 张联票，也都被抢购一空。演讲当晚，水立方会场的入座率高达 90% 左右，而《时间的朋友》在优酷的播放量更是接近 550 万次。

罗辑思维通过和优酷共分广告费，加上门票收入，以及 BMW、滴滴等企业的广告赞助，整场跨年活动共帮助罗辑思维取得 2000 万元的总收益。之后的连续几天之内，朋友圈、微博热搜、百度贴吧等也都被这场《时间的朋友》演讲刷屏。

罗辑思维这场《时间的朋友》演讲获得的收益，显然没有辜负其团队超长时间的准备。而这场演讲也成功地将罗辑思维的粉丝变为会员，并且吸引了大量的新粉丝，具体方法如图 10-2 所示。

图10-2 《时间的朋友》取得巨大成功的原因

① 明确目标

任何一场成功的演讲都需要有一个明确的目标。乔布斯在历年苹果发布会演讲的目标是为了让用户产生购买苹果产品的欲望；而罗振宇的《时间的朋友》跨年演讲的目标绝不仅是传授知识、教听众如何赚大钱，它是想让更多粉丝认可罗辑思维，加深对它的信任，进而付费成为会员。

所以，成功的演讲者也是一个推广高手，既不强买强卖，也不自卖自夸，而是让用户被他的观点打动，从而自觉地付费成为会员。用户在这种情感大于理智的影响下，自然不会过多考虑会员费的价格。

② 找准听众的胃口

普通演讲者和演讲高手最大的不同在于，前者会将演讲重心放在 PPT 和演讲稿上，而后者却是将演讲重心放在听众的需求上，然后一针见血地说中听众的痛点，引起他们的情感共鸣。

《时间的朋友》演讲的观众线上线下达数百万人，那么罗振宇如何做到在几个小时内满足这些人的需求呢？

罗辑思维的用户以 30 ～ 40 岁的人为主，这些人大多有着共同的需求特征：渴望成功、常常焦虑、对生活不满意、投资自己、乐于尝试新事物。因此，罗振宇选出了这些人最感兴趣的话题，如“妖股”、O2O 大战、IP、互联网公司发展等。这些话题本身就是用户愿意听的，罗振宇再抛出自己别具一格的观点，自然可以吸引他们的关注。

③ 逻辑与情感并行

有的人演讲刚开始五分钟，台下的人就昏昏欲睡。而罗振宇几个小时的演讲，却让现场数万名听众始终精神抖擞。这是因为罗振宇的演讲内容逻辑清晰，听众可以时刻把握主题。另外，罗振宇善于运用思维与故事刺激用户的情感，他经常在开场时通过述说一段以自身经历为原型的小故事来吸引听众的注意，充分把握住演讲开场的前 90 秒。

④ 演讲结构清晰

罗振宇在演讲过程中抛出了许多问题，如互联网恐慌、资本寒冬、两只“妖股”、IP 大爆发、支付大战、阿里巴巴的数据帝国等，然后对这些问题进行细致的解答。这种自问自答的方式很容易让听众明晰演讲的结构，跟上演讲者的思路。

⑤ 欢笑与震撼并存

如果仅是演讲结构逻辑清晰，听众是不会甘愿成为会员的。欢笑与震撼是演讲中不可缺少的调味剂，它以一种幽默的方式触动听众，让听众在轻松的氛围中接受演讲者的观点。

罗振宇的演讲中夹杂着各种有趣的段子，让听众在乏味时可以会心一笑。同时，段子中新奇的比喻还能给予听众足够的震撼，如“每个资本都在打造自己的后宫，姨太太多了一个，无非是多了一双筷子”“猫羡慕狗的时候，狗真的那么好受吗”。

（2）机构用户

如今是流量红利消退的时代，无论是中小企业，还是大企业，都面临流量获取难、流量获取贵的难题。因此，企业就需要在营销过程中“急功近利”。“急功”是指要快速建立品牌，打响知名度，切入市场，获得流量；“近利”是指在获得流量的同时快速将流量转化成销量，带来实际的效果。

营销人员可以通过拉拢其他机构用户，获取这些机构的流量，将这些流量沉淀为企业自己的流量，从而实现品牌崛起。

神州专车曾发布“九宫格”的文案海报，主题为“Beat U！我怕黑专车”，并聘请了顺顺留学创始人张扬、中国女子马拉松纪录保持者孙英杰等为代言人。海报中的“黑车、安全、私家车”等字样剑指 Uber。

我们不难看出神州专车的意图，它是想以 Uber 司机频发的负面事件为突破口，阐述自己坚决抵制黑专车的主张。但是，言语太过激烈，引起许多 Uber 用户的不满。不过，也有一部分 Uber 用户开始尝试神州专车。

而且，神州专车在“九宫格”文案发布的第二天晚上发布了一封号称“最诚恳的道歉信”。在“道歉信”中，神州专车向网友、用户、搜狗输入法以及 Uber 表达了歉意，并抛出“周五至周日三天，连送三天代金券”的补贴活动，促进用户消费。

神州专车的这次营销可谓一波三折，但最终仍取得了成功。在这场风波过后，广大网友知晓了神州专车的存在，而且一部分 Uber 用户也成功被转化为神州专车的用户。

从罗辑思维的演讲到神州专车的“黑专车”挑战可以看出，企业的流量不能单纯靠获取，还要考虑如何让流量不断循环使用，用已经有的流量带来更多的流量。链路营销的最终目的是将用户锁定在自己的营销闭环中，因此，沉淀私有用户资产对于企业来说尤为重要。

10.2 促进用户转化

企业营销最重要的一个阶段就是用户转化。因为用户并不是注册了就会为企业提供价值，它还需要经过一系列的流失和沉淀，最终留下的才是企业的价值提供者。因此，企业要想办法提高用户转化率，让更多普通用户成为价值提供者。

10.2.1 深度洞察用户关系流转状态

企业转化用户的第一步就是洞察用户关系的流转状态。因为用户从认知到购买需要经过知晓、唤醒、购买三个步骤，企业需要针对这个过程的不同环节制定不同的营销策略，从而促使用户转化。

（1）知晓

人们在印象里判定德芙巧克力一定比其他品牌巧克力更好，或苹果手机一定好过其他手机等，就是消费认知。企业要想用户对产品形成一定的认知，首先应该让用户知晓这个产品，这也是营销宣传的第一步。

众所周知，南方地区特别是江浙和两广一带的天气特别炎热。生活在那片区域的人们非常容易上火，而上火还会带来如头疼、牙龈肿痛等其他并发症，严重时甚至会引起肺炎。因此，这些地区的人们在日常饮食中都会注意“降火”，凉茶也就成了家家户户必备的饮品。

但是，凉茶的熬制过程非常麻烦，而且由中药材直接熬煮的口感很不好。王老吉通过调研后，针对这个问题推出了罐装凉茶、盒装凉茶，帮助用户节省熬制时间，同时加入适量的糖分调节口味。于是，凭借方便、口味好等特点，王老吉的凉茶品牌在南方快速传播开来。

（2）唤醒

广告大师大卫·阿伯特（David Abbott）曾为芝华士写过一则广告，将酒与父亲节巧妙地结合在一起。

因为在我需要时，你总会在我的身边；

因为你允许我犯自己的错误，而从没有一次说“让我告诉你怎么做”；

因为你依然假装只在阅读时才需要眼镜；

因为我没有像我应该的那样经常说谢谢你；

因为今天是父亲节；

因为假如你不值得送 CHIVASREGAL 这样的礼物；

还有谁值得？

这则广告没有用华丽的赞美直接夸赞芝华士，而是用朴实的语言将自己和父亲的故事娓娓道来，去掉华丽的包装，回归朴实的感情，唤醒人们内心深处对父亲的思念。如此一来，更能体现芝华士的价值，因为它代表逝去的父爱。

处于唤醒阶段的用户喜欢听“真话”，不喜欢营销人员把自家产品夸得天花乱坠。他们希望获取最简单有效的内容，从最直接的需求层面出发，考量产品是否适合自己。

（3）购买

用户的支付能力是用户购买时的最大问题，如果前两个阶段都达到了用户的要求，支付能力就成了“临门一脚”，它决定用户是否会真正购买产品。

用户的支付能力并不是绝对的保障，它需要具体问题具体分析。但总体来说，产品价格的设置还是需要与目标用户的消费水平相适应。

以演唱会的门票为例，其定价分为三种：低价门槛，从几十元到上百元不等，用户付出的费用不高，可接受性强，但容易给用户造成廉价的感觉，让一些比较富裕的用户无法获得优越感；中等价格门槛，在上百元到上千元之间，用户需要付出的费用较高，但尚在用户可接受的范围内；高价门槛，费用要几千元，这种门票的价格通常让一般用户难以承受，但是这种门票指向的位置以及提供的视觉体验最佳，所以它的目标用户是收入较高的用户群体。

上述三步是用户在转化过程中，用户关系发生的变化。但是，营销人员仅知道用户关系怎样变化是无法有效提高转化率的，还需要不断创造新意，强化用户的认知。特别是对于那些上市已久的老产品而言，新的宣传形式更能调动用户的好奇心。

（1）VR 技术

VR 是一种通过计算机图像技术与头戴设备形成 360 度虚拟环境的技术。许多企业都利用这项新技术，使老用户重新活跃起来。

例如，HBO 推出的 VR 短片《权力的游戏：上墙》为《权力的游戏》第五季造势。用户戴上 VR 头显时，会发现自己来到了维斯特洛大陆，亲身体验到这片大陆的绮丽风光。借助这一波预热，《权力的游戏》第五季成功实现收视率大涨，为 HBO 贡献了巨额的收益。

无独有偶，耐克的 VR 广告《心再野一点》以全景视角展现了周冬雨成长为金马影后过程中的坎坷经历。这段广告中，观众可以亲身与周冬雨一起体验她的成长过程。

画面从周冬雨穿着耐克运动服挥汗训练，切换到她认真背台词，再到海选中脱颖而出，最后抵达终点。这时候，耐克已经从一双鞋转变为一段难忘的回忆。影片最后，观众可以通过点击视频中的图标购买周冬雨的同款服饰，实现了闭环式销售。耐克通过 VR 的交互特点将营销完美融入，把握了用户关系变化的每一个阶段，促进其转化。

（2）AR 技术

与传统广告营销相比，AR 技术的最大特点就是视觉方式的革新。这使用户与产品实现了双向沟通，进而形成一种沉浸式的互动体验。

卡西欧曾利用 AR 技术为其举办的“G-SHOCK 英雄召集令”活动注入新活力。用户使用支付宝的 AR 扫一扫扫描图片，就可以将卡牌里的英雄呈现到屏幕上，进行在线抽奖。

迪士尼也曾利用 AR 技术将经典卡通人物搬到纽约城、百老汇。在那些标记 AR 的地板上，人们甚至可以与这些卡通人物展开互动。一时间，整个城市都变成了一个巨大的迪士尼乐园。

VR 和 AR 技术为营销注入新活力，使用户拥有新的体验感，强化了用户对产品的认知。与此同时，VR 和 AR 技术变革了支付场景，增加了真实感，将以往不可捉摸、不可触及的事物零距离放在用户面前，缩短了用户知晓和唤醒的过程，直接刺激了用户的购物冲动。

10.2.2　挖掘用户增长转化动因

除了知晓用户的购买状态，营销人员还要明确用户转化的动因。只有知道用户是因为什么而转化，找到这个动因并强化它，才能有效提高用户的转化率。

京东商城曾销售过一款奥马电冰箱，这个品牌名不见经传，却获得了一年销售 50 万台的好成绩。其之所以成功，主要就是找准了用户转化的动因。

（1）定位清晰

奥马电冰箱的年销量是 700 万台，销量在国内的排名比较靠前，规模比较大，产品的性价比也很高。但是，产品的知名度比较低。因为奥马电冰箱是国内最大的冰箱外贸出口品牌，之前并不是以国内市场为重心。

奥马电冰箱一开始在国内推广的方法和其他品牌差不多，但依然没有打响品牌在国内的知名度，只是一味地扩大了自己的劣势。奥马电冰箱通过市场调查发现，“90 后”是其最合适的用户群体，于是将品牌重新定位在“90 后”用户群上。

我国每年仅毕业的大学生就有 800 万人，再加上其他进入社会的年轻人总数超过 1500 万，这是一个庞大的市场。大学毕业后，有一大部分年轻人会选择去一二线的大城市找工作。对于这些在外地工作、租房子的年轻人来说，他们需要一个小型的冰箱，这显然就是奥马电冰箱看重的用户转化动因。于是，奥马电冰箱针对“90后”用户设计了容量小的单人冰箱，加速这些用户的转化。

（2）网上营销

奥马电冰箱考虑到现在的年轻人都喜欢网上购物，所以将销售重点放在电商渠道上。在京东商城销售的第三年，奥马电冰箱就实现了销量排名第一。

喜欢网络购物的年轻人只看重性价比，不在乎广告宣传。而奥马电冰箱恰好符合这样的要求：知名度不高，产品质量高，价格便宜。在京东商城上，奥马单门电冰箱只要600元，双门的小冰箱也只要900元。而且，产品有欧盟认证，质量过硬。这些非常容易吸引初入社会、预算不多的年轻人。

许多年轻人都喜欢在社交媒体上分享自己喜欢的产品，奥马电冰箱也就通过这种口口相传的方式在年轻消费群中打响了知名度，形成了良好的口碑和形象。

在奥马电器的总裁看来，“90后”人群是在互联网陪伴下成长起来的，他们不在乎产品打不打广告，只看重产品在网上和朋友圈中的评论及口碑，注重产品的品质，朋友圈里良好的评论很大程度上会影响他们的购买决策。就像小米的产品从来不打广告，只凭借网上销售和热评就获得了大批年轻人的青睐。

（3）品牌的价值

“90后”用户除了看重产品的常规功能和品质，还看重品牌的价值观。品牌的价值观能否与年轻人的价值观相吻合、产生互吸，是影响销售效果的重要因素。

奥马电冰箱在明确产品定位、找到转化动因后，就开始思考如何吸引用户转化。奥马电器的总裁认为，不管冰箱的性价比如何高，卖给年轻人时都不要把它当成一个工业品，而是把它当成一个文艺品。冰箱不只是一个家用电器，还是传递品牌个性与内涵的工具。因此，奥马电冰箱让年轻人得到的不仅是产品本身，还有其内在的精神。

奥马电冰箱在包装和使用说明书上都做了精心的设计，上面都有励志名言，如“外在压力增加时，就应增强内在的动力”。这样的语言既与电冰箱的功能相契合，又可以鼓励在外工作的年轻人。另外，产品说明书并不全是产品操作介绍，它还夹杂着小故事，以幽默的形式把产品的使用方法表达出来。

（4）独特的设计

即使冰箱只针对“90 后”用户，奥马电冰箱也没有放松对产品的设计。其推出的节能福喜系列电冰箱用当下最流行的色彩与图案做面板，还借鉴了一些国际品牌的设计手法。

为了满足当下年轻人不同的需求，奥马电冰箱相继推出了车载冰箱、办公冰箱、情侣冰箱和大学生冰箱。针对不同群体的不同要求，奥马电冰箱在产品功能上也做出了调整。例如，办公室冰箱针对办公室的年轻白领而设计，冰箱内部设置了很多玻璃格子的小空间，适合几个人共同使用，而且互不串味。

企业要想成功转化用户，就必须明确用户因什么而转化。奥马电冰箱先是了解年轻人对单人冰箱的需求，然后选择方便年轻用户转化的消费渠道，最后塑造与年轻人相符的产品价值观，从功能、场景、设计、情感多角度出发，俘获了年轻用户的心。

奥马电冰箱就是这样有针对性地破解了一个又一个销售难题，最终开拓了国内市场，获得了巨大的成功。

第 11 章
PART 11

口碑建设（Word of mouth）：迎接链路营销下的消费主权时代

传统营销习惯用广告的方式进行传播，通过提升品牌知名度，吸引消费者买单。铺天盖地的硬广告花费不菲，但效果却并不突出，消费者即使记住了广告，也不一定会认可产品。

互联网时代，营销重心逐渐从品牌、产品过渡到用户，口碑营销因此兴起。企业开始重视“人”的作用，用户不再是“一次性产品”，而是企业资产的一部分。

11.1 好口碑是品牌的保障

对于中小型企业来说，资源和流量都是有限的，传统广告不仅耗资巨大，还很难让企业形成竞争优势。这时，做口碑就可以成为企业的突破口，利用社交媒体渠道将产品质量、服务通过用户传播出去，从而为企业品牌的建立打下良好的基础。

11.1.1 口碑是创造价值的关键

随着互联网经济的发展，"人"在企业营销中的作用越来越重要，口碑逐渐成为企业创造价值的关键。很多企业借助良好的口碑与出色的服务，拉近与用户的心理距离，为用户创造了独具特色的服务体验，有效提升了他们的重复购买率。

小米公司在港交所上市的那一年，创始人雷军向港交所提交的招股书中附带了一封公开信《小米是谁，小米为什么而奋斗》。信中这样写道：

> 伟大的公司都是把好东西越做越便宜，把每一份精力都专心投入做好产品，让用户付出的每一分钱都物有所值。
>
> 用户是我们一切业务运转考量的核心。小米前进的路上，我们一直在思考：从古至今，商业世界变化纷繁，跳出形形色色的商业模式话题之外，始终不变的是什么？

用户对“感动人心、价格厚道”的产品的期待，这就是小米的答案。

有很多我们的用户说，进入小米之家或者登录小米商城，可以放心地“闭着眼睛买”，因为品质、价格一定都是最优的。这是对我们最大的肯定，也是我们的终极追求。

没有用户的信任，就没有我们追求的高效。用户的信任，就是小米模式的基石。效率，就是小米模式的灵魂。持续赢得用户的信任，我们的任何业务都将无往不利。而一家真正实现世界级效率的公司，将拥有穿越经济周期、持续抓住行业涌现的新机会和长久保持优秀运营表现的能力。

在这部分节选中，雷军多次提到用户及用户的信任。而且，雷军也曾在微博上公开表示：“小米的愿景：和用户交朋友，做用户心中最酷的公司！”我们可以看出，雷军从创立小米公司伊始就始终在强调用户的重要性。

小米 MIUI 的第一个版本于 2010 年 8 月 16 日发布，最初的用户只有不到 100 人。到 2011 年 8 月 16 日 MIUI 发布一周年之际，小米就有了 50 万用户。到 2016 年，小米的用户高达 1.35 亿人。这样极致的增长率背后蕴藏着小米的理念，即始终以用户为中心，重视服务与口碑运营。

（1）用户体验

小米可以算是口碑营销的典范。小米公司副总裁洪峰在阐述小米业务模式时，多次指明用户体验的重要性。他曾说：“小米公司永远将用户的体验放在第一位。”所以，小米手机在生产过程中始终在询问用户的意见，将他们的反馈作为产品迭代的基础，提升服务，带给用户更好的体验，从而塑造良好的用户口碑。

（2）用户需求

小米产品的创新始终秉持“不因为高大上而创新，只为了满足用户的需求”。小米公司将售后服务当成了营销重心，其在招聘售后人员时不断向员工灌输售后服务的重要性。此外，小米手机的设计也是从用户的实际需求出发，先保证实用，再追求美感。

（3）用户参与感

雷军说:“小米销售的是用户参与感，这才是小米成功背后的真正秘密！”人是产品的使用者，也是服务的体验者。一款产品只有与用户做朋友，给予他帮助和建议，才能得到用户的真正信赖。小米公司开发第一个产品时，邀请了小米社区的 100 位极客用户深度参与。小米公司的产品经理、工程师也都养成了泡论坛、接触用户的习惯，真正把产品研发做到从用户中来、到用户中去。

综上所述，只有重视用户需求、体验、参与感的产品，才能赢得用户的口碑，把新用户沉淀为老用户，创造有价值的品牌。

11.1.2 海底捞的口碑营销

“昨天在海底捞，无意中跟朋友提起京东抢的大画册怎么还没送到，然后结账时服务员问了我的京东账户，今天一早三本大画册就送到啦！”这条微博被转发了 3 万多次，迅速为海底捞这家神奇的餐厅赢得了极高的关注度。海底捞也抓住这次机遇，打出了“人类已经阻止不了海底捞了”的广告语，甚至出现了“海底捞体”，如图 11-1 所示。

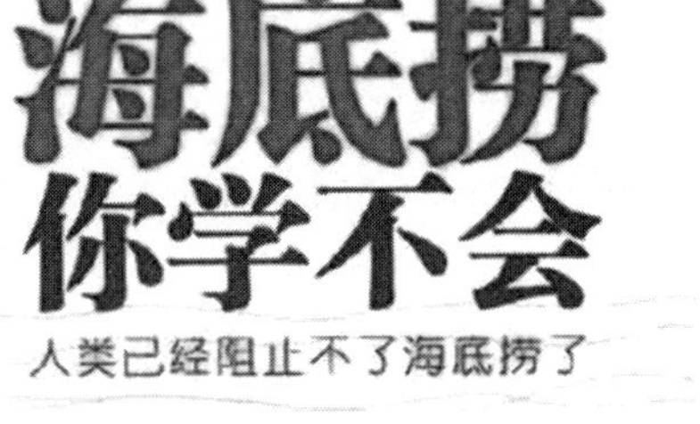

海底捞
你学不会
人类已经阻止不了海底捞了

图11-1　海底捞广告语

“海底捞体”的模板是“某天在海底捞吃饭，期间和朋友无意提及了某件事，在结账时居然愿望成真。”一时之间，关于海底捞的有趣段子席卷全网，网友们纷纷制造段子，述说自己曾经在海底捞吃饭时遇到的不同寻常的经历。这些段子帮助海底捞宣传了品牌与服务，进而带来了极大的口碑传播效应。

海底捞利用社交媒体打造了“海底捞体”，并借势传播，拉近了与用户的距离。“海底捞体”的盛行最大程度扩散了海底捞的品牌知名度，许多消费者慕名而来，想体验一下能“梦想成真”的火锅店的服务。

但是，过度营销也可能起到反面作用。例如，海底捞的骨头汤不是现熬，而是勾兑，曾被网友质疑名不副实。因此，只有优秀的产品才能塑造持续优秀的口碑。

总体来说，海底捞的服务还是高于业界平均水平的。当顾客排队等位时，服务员会为其准备零食、饮品；当顾客点菜时，服务员会提醒顾客可以点半份；对于戴眼镜的顾客，服务员会为其提供眼镜布。这些贴心服务是海底捞赢得消费者口碑的关键。

口碑营销是指企业在明确市场动向的情况下，为消费者提供贴合他们需求的产品和服务，同时制定一系列推广计划，让消费者主动将这种服务体验传播出去，让更多人通过这种口碑评价了解产品、品牌，最终达到为企业提高收益的目的。简单地说，做口碑就是让用户主动夸产品好，然后企业通过一些事件引发口碑效应，让更多人知道这些优质评价，从而受到吸引，前来消费。

消费者对海底捞的评价就是“服务太好，特色突出”，海底捞据此将服务提升到极致，然后用“海底捞体”引发消费者自发传播，形成品牌的口碑。

最后，企业在策划口碑营销时的话题或引爆点一定要与品牌相结合，不能生拉硬拽，否则很难强化品牌在消费者心中的印象。同时，口碑营销一定要引发正面效应，不能适得其反，把质疑的声音传播出去。

11.2 口碑促进用户购买流程循环

建设口碑最大的一个优点就是可以促进用户二次消费，这对于获取流量成本高的企业来说无疑是一个福音。用户重复购买产品，甚至成为品牌的忠实粉丝，就可以持续为企业贡献效益，真正实现了一次拉新、永久使用。

11.2.1 如何让用户二次成交

如今企业营销的拉新成本逐渐攀升，新用户都是冲着优惠来的，这些用户只会进行一到两次的购买行为。例如，有些购物软件会发给新人大额优惠券，用户被优惠券的额度吸引选择下单，而当没有优惠券时他可能就不会再继续下单了。这些用户不具有较强的黏性，而且对企业产品的忠诚度也很低。

那些多次购买品牌产品或服务的用户就是对品牌的忠诚度极高的用户，他们甚至会成为品牌的粉丝用户。粉丝效应会促使用户把品牌产品当作自己的第一顺位选择。所以，粉丝用户对于企业非常重要。那么，营销人员该如何促使普通用户转化为粉丝，提升复购率呢？

我们需要了解复购率的计算方式。

第一种是以个人为单位计算其购买产品的次数。例如，有 20 个用户购买了产品，10 个重复购买，复购率就为 50%。

第二种是以单位计算一定时间内重复购买的次数与总交易次数的比值。例如，某个星期内一共产生了 50 笔交易，其中有 10 个人二次购买，这 10 人中有 5 个人购买了三次，所以，重复的购买次数为 15 次，复购率为 30%。

企业获取新用户的成本越来越高，而从新用户到注册会员会流失一部分用户，从会员转化为有效的下单用户又会流失一部分用户。但是，其中还有很多用户是受优惠券或补贴驱动的，一旦优惠停止，这些用户可能就不会再继续购买产品了。这种依靠优惠驱动的复购率是难以持续的，而这种方式带来的营业额增长也有一定的虚假性。

因此，企业的复购率应该是真实的，不能建立在优惠券的假象上。下面介绍提升复购率的三大策略，如图 11-2 所示。

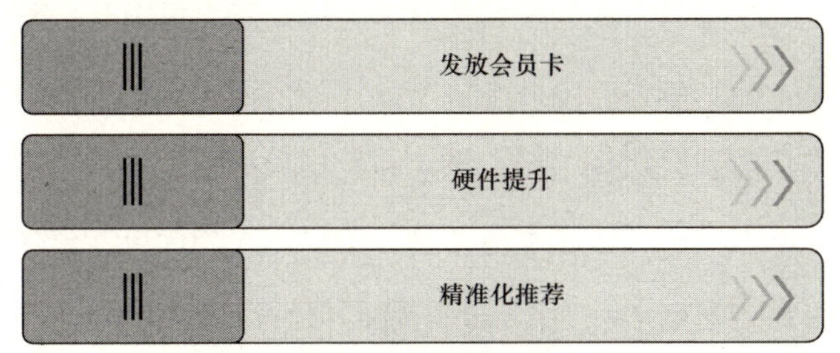

图11-2　提升复购的三大策略

（1）发放会员卡

发放会员卡是线下店铺常用的策略，一般是用户购买达到一定金额后就可以成为店铺的会员，在下次购买时享受额外的优惠，如图 11-3 所示。

图11-3　某电商的会员服务

这是一种几乎没有新意的模式，但这种模式确实可以让一部分用户二次成交。近几年，越来越多的电商平台将这种策略运用到线上，目的是为了绑定用户。当用户看到“成为会员，满 400 元打八折，全年免运费”这类优惠时，几乎都免不了动心。毕竟免运费是一个很诱人的优惠，再加上实在的折扣，用户很容易会把该平台当作自己购物的第一选择。

（2）硬件提升

随着技术的发展，购买渠道已经不再局限于手机、电脑和实体店了。很多电商平台都额外做了载体延伸，如亚马逊的 Kindle、喜马拉雅的小雅、

Echo 等。

其中，智能音响 Echo 是只要用户对它说“帮我买一双球鞋”，或者“帮我买一支钢笔”，它就会自动为用户筛选，选择用户近期浏览过的商品。这种硬件提前帮助用户设置好了“下单程序”，只要用户一句话，就可以产生购买行为，不仅新奇有趣，还能适用更多的场景，极大地刺激用户持续复购。

（3）精准化推荐

精准化推荐是大数据的一种应用方式，企业依据用户的消费习惯与浏览行为，预测用户可能要购买的产品，进而在用户浏览的页面中推送这些内容。这是一种洞察式的营销，基于用户过往的行为，预测其后续的消费行为。

如果将用户按照需求意愿进行划分，一般分为四类：5% 的准用户，他们是认同产品的优质用户，需要立刻联系；30% 的意向用户，他们的购买愿望强烈，但会再比较几家产品；35% 的潜在用户，他们有潜在需求，但目前并不迫切，需要销售人员加以引导；剩余的 30% 是无效用户，这部分属于正常的用户损耗，无法避免，只能利用营销手段逐渐减少。对于这四类用户，营销人员需要采取的推荐策略也各不相同。

① 5% 的准用户

对于 5% 的准用户来说，他们已经认同了品牌或产品。这些用户会主动搜索企业的品牌名，关注企业的新产品。他们人数相对最少，但是转化率最高，也最容易产生复购。

② 30% 的意向用户

30% 的意向用户通常对产品具有十分强烈的需求，他们希望产品或服务能解决自己的实际问题。以手机为例，用户想购买一部新手机，是因为他有了换手机的需求，然后他会选择一家自己信赖的手机品牌去购买手机。

用户选择产品通常是以“自己信赖”为依据。原因很简单，用户在搜索时唯一的判断依据就是产品信息描述，在众多商家提供的信息中选出看上去可以解决自己实际问题的；在锁定几家店铺之后，从中选择一家服务态度好、交流顺畅的店铺加以完成。

此类用户虽然比较容易转化，但很容易受到其他信息影响，需要营销人员根据他们的痛点着重输出信息，保证其不会中途流失。

③ 35% 的潜在用户

35% 的潜在用户短期内没有成交的意向，或者成交意向不明确。通常，他们搜索产品的目的是收集资料，为日后可能的成交做准备。此类用户的搜索记录一般是以某个领域关键词为主，如“电热毯”“手机保护膜”“洗衣机”等。他们因为需求并不迫切，所以转化起来有一定的难度，需要营销人员加以引导，强化其需求。

④ 30% 的无效用户

剩余 30% 的用户基本属于无效用户，此类用户几乎没有转化。例如，匹配出来的关键词是其无意中点开的页面等。

随着互联网的发展，营销手段越来越丰富，但任何营销手段都需要依托产品本身。营销人员既要与时俱进，专注于业务本身，又要从用户的使用场景出发，深刻理解复购的本质，将用户沉淀为企业资产。

11.2.2 让二次销售系统循环

仅仅促进用户的二次成交对于企业来说还不是营销的终点，企业最终的目标应该是建立循环营销系统，实现持续销售。循环营销系统不仅是一种销售体系，还是企业未来的发展方向，即客户价值最大化和产品全渠道流通。

决定企业生存与发展的两个基本环节是生产和销售。当今是消费主权时代，销售更是企业生存与发展的关键，企业不仅要留存老用户，还要获得新用户。只有源源不断的新用户，企业才能实现持续销售，这是企业实现可持续发展的关键。

循环营销不是孤立的营销，而是把营销和企业的其他经营管理活动联系起来。企业的所有经营管理活动都是为了实现企业利润最大化，而利润最大化的关键就是保证企业可以持续销售和盈利。

随着企业的发展，企业的生产与市场都会发生改变，会不断面临各种新的问题。因此，企业必须时常变化以适应新的形势。有些企业故步自封，当新形势来临时依然采用一成不变的营销策略，自然无法获得最佳营销效果。循环营销是一种动态营销，它强调企业在不同的发展阶段要应用不同的营销策略，以保证用户永远不会失去新鲜感。

循环营销中可循环的点有很多，但实现销售的循环是渠道，全渠道销售可以保证边际效益最大化。消费者是实现循环的原动力，当渠道这个“发动机”破除限制、发动起来时，循环营销系统就成了一个永动机。

循环营销需要系统性思维。竞争战略大师迈克尔·波特曾说：“消费者心目中的价值由一连串企业内部物质与技术上的具体活动与利润所构成，当你和其他企业竞争时，其实是内部多项活动在进行竞争，而不是某一项活动的竞争。”

循环营销不是单个环节，而是包含企业产品、服务、渠道、价格等各个因素。要想让消费者反复购买产品，就要以消费者为核心，把这些因素串联起来，而不是割裂开去宣传。

循环营销实现了循环持续销售，老用户会持续购买产品，为企业贡献价值。那么，在实际的销售过程中，企业销售系统是如何进行循环的呢？

（1）广告为企业带来首批随机消费者，通过深挖这批消费者的需求，令他们在各个渠道购买产品成为消费用户。这些用户在购买完产品后获得了优质的体验感，进而选择再次购买产品，成为回购用户，这是第一个循环。

（2）回购用户的口碑吸引新用户加入，他们在大数据的作用下在各个渠道购买产品，成为消费用户。然后，这些用户因为一些原因选择成为回购用户，这是第二个循环。

（3）口碑和广告会持续不断地为企业带来新用户，然后他们受到吸引购买产品，成为消费用户，进而成为回购用户，这是第三个循环。

（4）上述消费规律持续循环，使销售规模不断扩大，回购用户越来越多，帮助企业持续不断地盈利，这是最终的循环。

11.3 加强品牌粉丝资产管理

用户反复购买品牌的产品，最终会变成品牌的粉丝。然而，如果企业不精心运营，这一部分用户也会逐渐流失。因此，企业要加强品牌粉丝资产管理，在留住老粉丝的同时想办法发展新粉丝，助力品牌发展粉丝经济。

11.3.1 联合业务系统提供涨粉突破口

企业粉丝量达到瓶颈，如何实现突破性涨粉？答案就是开发联合业务，策划爆款活动，让消费者重新体验到新鲜感。在不同的发展时期，企业的营销诉求不同，目的也不同，所以需要制定具体的业务联合方案，确定活动形式。

线上活动不受时间、地点、人数的限制，与用户零距离接触。而且，活动主动权掌握在发起方手中，更利于活动的推进。例如，腾讯公益推出的“小朋友画廊”活动，1 年内共有 5806608 人参与，筹集善款 1500 万元。

与线上活动相对的还有线下活动，线下活动是企业直面用户最直接有效的形式。因为一些客观因素，线下活动的成本比较高，但是企业与用户之间有更强的互动性，品牌植入也更加清晰。例如，“我要 WhatYouNeed”公众号开展的“一百杯星巴克咖啡和你赌未来”活动，以接力的方式请 100 位用户喝咖啡。活动当晚就被刷屏，文章阅读量达 8 万次，粉丝增长了 5000 多人，成功实现拉新、涨粉的目的。

打通线上线下策划活动是企业常见的一种业务联合，它既可以使活动拥有线上的传播效果，又可以使活动拥有线下的体验感和互动性，足以成为企业涨粉的突破口。

网易云音乐发起过一个名为“看见音乐的力量”的快闪活动。网易系列主打用户生成内容，很多人会在网易云音乐边听歌边写评论。

网易云音乐用歌词铺满了杭州地铁一号线，用户在看了铺天盖地的海报后会自然产生听歌的冲动。地铁因其封闭、人流量大的特点很容易让人产生孤独感，而网易云音乐用暖心的歌词和有温度的评论引起了用户共鸣。同时，网易云音乐发布的《乐评博物馆》H5 列举了精彩的用户评论，用户也可以通过 H5 进入网易云音乐听歌。

网易云音乐的这次活动结合线上与线下场景，将音乐化作实物带到人们身边，并在线上提供多个产品入口，为用户提供了全新的体验。用户在线下看到评论，产生听歌的冲动，然后通过线上入口去听歌，再创作新的评论。如此循环往复，活动的人气也就变得越来越高。

那么，这种联合业务活动应该如何策划呢？笔者还是以线上线下的联合为例进行讲述。活动策划主要分两步，分别是线上活动策划和线下活动策划。

（1）线上活动策划

线上活动主要承担前期造势、中期传播和后期反馈的功能。首先，营销人员要确定活动目的和主题，还有整个活动的形式；其次，营销人员要精准定位用户，选择用户喜欢的活动形式；最后，在活动上线前，营销人员要做好风险评估，以免上线之后出现问题。

宣传推广阶段，营销人员一定要把握好活动节奏，逐步释放活动信息，引发用户持续关注。在活动过程中，营销人员要利用线上优势实时监测活动效果，与预期目标进行比对，并根据实际状况调整活动细节。

活动的最后一步就是反馈。一是收集用户的反馈，为下一次活动奠定基础；二是向用户反馈活动结果，例如，天猫在“双十一”活动结束后公布成交额。

（2）线下活动策划

线下活动承担将活动推向高潮的责任。因为线下活动独有的体验性和互动性很容易引爆用户的热情，制造话题，将活动推向高潮。就像网易云音乐如果没有“在人流量巨大的地铁里铺满歌词”这一壮举，那么活动的话题性和关注度远不会有现在这么高。

因此，线下活动可以说是整个活动的爆发点，非常考验营销团队的执行能力。活动内容有新意、现场火爆又不失秩序、用户参加活动的反馈照片等，都是为活动赢得好口碑的关键。但是，如果执行不到位，现场秩序混乱，活动体验感差，不仅会使活动效果大打折扣，还会使对品牌不利的言论疯狂传播，造成适得其反的结果。

11.3.2 助力品牌发展粉丝经济

随着互联网的发展，“粉丝”这个词不断被赋予新的意义。各行各业都有粉丝，微信公众号的关注者、微博的关注者甚至观看短视频的用户等都被叫作粉丝，它已经成为一种新的社会关系。

“粉丝”的定义是支持者、追随者，是品牌产品用户的高级形态。粉丝在支持被粉对象的过程中衍生了“粉丝经济”。对于品牌而言，粉丝就意味着“忠诚”与“购买力”。

小米是发展粉丝经济的代表。从最初开发 MIUI 系统，到在论坛里让用户深度参与，让其抒发自己的感想和建议，小米凭借及时回复，同时快速采纳、跟进用户的建议，为品牌积累了近 50 万粉丝。因此，“米粉”这个群体也成为小米的种子用户。以此为基础，小米逐步丰富产品线，实现了如今的全产业链同步发展。因为“米粉”的存在，小米上市新产品从不担心没有人购买，这就是粉丝经济的力量，它从根本上改变了传统的商业模式。

传统经济遵循从产品到用户的产销模式，不仅效率低、成本高，而且很容易造成产销脱节、产能过剩。企业耗费了大量的人工成本和物流成本生产的产品，由于企业和消费者沟通不畅，难以获得真实的使用反馈信息，更无从谈起改善产品的用户体验。

粉丝经济遵循从用户到产品的规律，也就是根据用户的需要以销定产。在产品上市前，设计者将用户需求汇总，并开放用户预订，极大地提高了生产效率。

受粉丝经济影响，许多新内容、新职业相继诞生，如直播电商、社群、行业 KOL 等。不论是吴晓波频道，还是罗辑思维，其背后核心的运营理念都是以粉丝为中心的经济行为。

在以粉丝为导向的生产模式中，各种数字化手段被运用，企业可以简单地掌控设计、采购、物流、加工、零售、售后六大环节的价值链，建立了消费者参与的长期机制，从而缩短产销链条，进一步提升用户黏性，以获取更多的经济利益。

品牌在进行粉丝价值变现的过程中，运用了大数据、人工智能、移动互联网等现代化手段，提升粉丝的转化效率，包括升级互动的真实性、使用大数据营销、提供个性化定制等。

在升级互动方面，移动社交成为我国消费者的聚集地，生活、购物、社交多维需求相互融合，形成崭新的消费体验。企业可以通过购物 AI 助手、引导话题、私人管家等方式渗透进消费者购物的各个环节，形成不同的互动场景与内容。另外，通过移动社交可以快速抓住消费者痛点，持续优化用户体验。

在大数据营销方面，数据是营销的核心，企业通过建立数据库汇集全渠道数据，展开多维分析、场景应用，构建精准的用户画像，实现营销自动化以及定制开发的营销闭环，进而促进企业投资回报率的增长。

在个性化定制方面，品牌与用户的沟通必不可少。如今是产品过剩、信息过剩的时代，用户的选择越来越多，他们已经不再只关注产品的本身，而且追求品质和自我满足。因此，企业必须打通各个触点，构建真正以用户为中心的品牌体验。

企业需要通过消费模型等技术识别市场的潜在需求来挖掘新用户，将更多访问者转换为买家，再促使他们二次消费，最终成为品牌的粉丝，持续为品牌贡献价值。

当用户成为品牌的粉丝时，他们就会主动传播品牌。无论是鼓励身边人群购买，还是分享在社交平台，他们都会进一步扩大品牌的影响力，驱动品牌进入新的市场。

第 12 章 PART 12

前景展望：链路营销的新机遇

经常有品牌抱怨，付出了大量预算将宣传覆盖到用户的每个触点，但转化效果就是不见提升。这是因为现在用户时间碎片化、触点离散化，如果营销宣传不能有序地联动，只是分散触达，是很难触动用户的。

因此，品牌营销不能只考虑覆盖多少用户，还要考虑如何将各个触点串联，构建一条有序吸引用户的链路。随着社交媒体和大数据技术的发展，链路营销迎来了新的发展机遇，它让用户沿着企业预设的路径直接走向转化。

12.1 链路营销驱动营销场景数字化

链路营销把各个营销场景串联起来，缩短了产品触达用户的时间，丰富了用户体验，形成了对消费者环环递进式的强转化。

12.1.1 多场景、全渠道优化用户体验

随着泛互联网时代的到来，营销场景的融合成为一个必然趋势。因此，设计多元化的购物场景成为企业近年来的营销重点。产品营销覆盖的场景越多，越能深入用户生活，引导用户完成购买的过程越自然，则交易也就越顺畅。

以众包地图 Waze 为例，它在为用户提供导航功能的同时，还能无形中引导用户消费。例如，用户准备上班时，Waze 通过用户选择的终点帮助他合理规划路线，避开拥堵路段。在用户等红灯期间，Waze 还会弹出星巴克的广告，引导用户去星巴克购买早餐。这种自然串联起的场景既不会有打广告的嫌疑，又在潜移默化中影响用户的消费决策，使消费变成了用户的自主想法。

麦当劳的“充电宝套餐”活动也应用了这样的方法。麦当劳定位了自家餐厅 500 米内的用户，筛选出电量不足 50% 的手机用户为他们推送就餐广告，提示他们在麦当劳就餐可以免费为手机充电。这种灵活的场景链接不但为用户提供了定制化的周到服务，还为品牌注入了人性化元素，扩大了品牌的市场。

链路营销就是把营销场景串联起来，但企业在设计场景串联方案时要思维开放，不能只看到与产品直接相关的场景。就像 Waze 把用户在行进路线中所有的购买可能都串联了起来，让用户在无意中产生购买兴趣。而麦当劳的“充电宝套餐”将原本没有联系的充电和用餐捆绑在一起，把消费者的充电需求转化为进麦当劳用餐的需求。

如今，5G 推动了移动互联网的进一步发展，高速率、低延迟、泛连接驱动整个移动市场向多屏幕、多元化发展，用户的浏览习惯也开始改变。这对企业的广告投放提出了更高的要求，构建移动营销生态成了企业迫在眉睫的需求。链路营销的目的是缩短消费者的转化路径，实现企业和消费者的双向沟通，而不仅是单向传播，既给予用户一种新奇的双屏互动的体验，又可以形成销售闭环。

互动不限制 PC 端、电视端、户外屏幕或者电影屏幕，从最早的湖南卫视采用手机短信为超女投票到蒙牛纯甄《创造营》的投票模式都是一种链路营销，它让观众在一个节目场景中同时完成观看节目和购买产品两个动作，省去了中间一系列的营销环节。可见，链路营销早已进入了我们的生活，而今后随着移动互联网的发展还会被更灵活地应用。

各种短视频网站和电商平台推崇的直播带货模式就是链路营销的一种体现，主播在视频或直播中介绍产品，观众点击下方的链接就可以购买，整个过程不超过 5 分钟。这种消费场景的串联不仅增加了用户购物的真实感，优化了用户体验，而且减少了用户思考的时间，让其更快地进行转化。

如今，链路营销已经变得多样化且灵活，基于移动设备的完善和各种娱乐购物论坛 App 的大流量优势，各种购物场景会更加紧密地串联起来，甚至会形成一点便燃的销售效果。

12.1.2 环环递进形成对消费者的强转化

传统企业营销通常是把广告与品牌放在一起，强调整体的营销效果，却忽略了营销过程中每个关键节点对用户的影响，最终造成用户流失率高、转化率低等问题。

链路营销强调将营销过程中的关键节点串联起来，让用户在有限的时间内快速记住产品，认同品牌价值，从而直接完成转化。这些关键节点对用户进行潜移默化的影响，最终形成环环递进的强转化。简而言之，营销过程中的每个节点都会成为用户转化的关键，所以企业要注意把控好这些节点。

一场庞大的营销购物节也是由很多节点组成的。不同节点集中发力，营造节日气氛，广铺渠道，各个击破，最终才能形成对消费者环环相扣的强转化。

（1）分析消费者心理

消费者在面对不同的节点时，心理需求也会有所不同。即使同一节点，不同消费者的心理也不尽相同。企业要做的并不是在节点时任意降价、盲目宣传、随意开辟渠道，而是要针对目标消费群体剖析其心理，挖掘其情感需求，对症下药，才不会流于俗套。

（2）紧抓节日氛围

企业在明确消费者需求后需要思考如何让消费者在情感上产生共鸣，这就要看企业对节日氛围的把控是否到位，能否让消费者在场景中产生消费冲动。当今电商的主要消费群体偏年轻化，他们追求张扬个性、注重品质，希望彰显自己的与众不同。因此，企业就需要创造个性化有代入感的场景，烘托节日氛围，让消费者自然沉浸其中并自发传播，最终点燃每一个节点。

（3）突出营销主题

“主题明确”是营销活动快速吸引消费者注意的关键。营销主题既要有冲击力，让消费者难以忘记，又要有吸引力，让消费者产生好奇心。例如，在“双十一”购物节期间，淘宝推出“相约双十一，五折促销”活动，其中“选购快乐单身礼物”等标语简单上口，让消费者过目难忘。

生活中成功的节点营销几乎都具备以上三个条件。链路营销是把消费者从日常的消费习惯、消费场景、消费理念中剥离出来，集中在企业设计好的营销路径上，刺激他们的欲望，重新建立新的消费认知，从而引发购物冲动。对于广大企业来说，这条路径上的一个个节点就是通往消费者转化的“门”，需要企业尽力优化设计。

12.2　链路营销助力传统企业迅速转型

链路营销缩短了用户转化的路径，克服了传统企业产能过剩的弊端。因此，企业能更贴近用户，更精确地生产产品，实现互联网化转型。

12.2.1　精准数据成为企业新财富

大数据通过收集分析以及价值挖掘能够精准描绘用户画像，是发展链路营销的基础。因此，数据逐渐成为企业现阶段的财富。然而，数据量与数据价值并不能成正比，高价值数据的形成必须建立在深入分析的基础上。

例如，智能眼镜把用户 24 小时看到的画面全部收集过来，产生了大量的数据，但这些数据却很难发挥作用；智能手环可以记录用户每天走了多少步、消耗了多少热量、心跳多少，然而却不能帮助医生给病人治病。

很多电商平台都会针对用户的行为进行个性化推荐。对于用户来说，如果他们需要该产品或服务，那么商家就实现了精准营销；但如果用户的搜索只是一时兴起，或者已经购买了该产品，那么用户可能会反感商家的这种行为。

联合利华数字运营负责人廖明提出:“收集简单的搜索数据已经不能够满足用户画像的勾画条件，真正的大数据营销应当是‘在正确的时间把正确的信息传递给用户’。”网络可以为互联网企业提供大量的数据信息，但是企业必须对这些原始数据进行处理,不能“拉到篮里都是菜”。用户在百度搜索“三星”这个关键词，可能是想要了解这个品牌，也可能是随意浏览。所以，企业应对用户数据进行深入挖掘，精简数据信息。

大数据的体量较普通数据更庞大，然而大量的原始数据却没有相应的大价值。大数据就像一片森林，而每个数据都是森林里的一棵树。分析大数据的同时不能只看每一棵树，而忘了森林本身是什么样子。因此，企业在进行大数据分析时首先要考虑社会和文化背景，将不同的数据链接起来，得出共性的东西，再进行精细化分析，最终获得精细化的数据。

例如，分析“80 后”“90 后”年轻用户的消费数据，其中有一部分人推崇标新立异，但从整个社会和文化背景看，这些年轻人的生活习惯和穿衣打扮依然受到周围人的影响，只是更加注重个人隐私的保护。因此，企业在对“80 后”“90 后”进行营销时需要结合个人自由与隐私保护两种策略。

很多企业认为数据特别值钱，然而大公司处理大数据的技术虽然已经基本到位，却依然没有收集到有价值的数据。

百度地图拍摄了大量的卫星图片，拥有非常大的数据量，但是百度团队研究后却最终放弃了这些数据。百度创始人李彦宏将百度的新方向定为新数据，即真正帮人们解决问题的数据。

百度旗下的百度筷搜是一款便携式可识别搜索探测器，可以鉴别食物的安全性。李彦宏说:“你有一双筷子，在你吃饭的时候就能知道这盘菜有没有用地沟油，或者这个蔬菜是不是重金属超标了……那么，大家就会觉得这个东西太有用了，我想要这个东西。”

人们本来每天吃饭都会用筷子，这是一种必须的行为。而不像智能眼镜、智能手环，人们为了收集数据才戴上这个本来不必要的东西。人们通过本来就做的事情收集数据，并且收集到了一些有价值的信息，这样的数据才有意义。

中医有一种理念叫作“治未病”，就是在还没有生病时预测身体未来的健康状况。在疾病积累的过程中，人们的身体各项指标都会发生变化。现在的医学实践都是人们有病了才去医院检查身体，而有价值的数据积累应该是持续监测用户身体的各项指标特征，一旦数据指标出现明显变化就去医院检查。这样的数据被称为“慢数据”，其价值非常大。而这种“慢数据”的收集方法就是通过人们日常做的事情进行收集，例如，在刷牙的过程中收集分析人分泌的唾液情况等。

新一代的数据收集在收集工具以及数据内容方面都会有更高的要求。在这个过程中，新型的硬件并不是关键，而是找到什么数据对于企业是有价值的。李彦宏说：“人们过去不管产生了多少数据，其实都浪费掉了。所以从这个意义来讲，传统产业以及互联网产业在数据上都没有优势。我们讲很多大数据，百度每天有几十亿人次的搜索数据，做的也只是宏观上的预测。例如，预测一下端午节哪个景点人比较多、高速上哪里要堵车了，这些都相当于是统计型的结果。但是，通过个性化数据预测一个人在走进一个餐馆的时候会点什么菜或者某一个人五年以后会得什么病，百度还做不到。”

链路营销讲究对消费者环环相扣的强转化，这要求企业对消费者的预测是绝对精准的，否则很难让消费者按照企业设计的路径进行转化。

12.2.2　品牌逐渐弱化，用户占据中心

现代营销学领航者菲利普·科特勒将营销的发展分为三阶段。

第一阶段是以产品为中心的传统时代。这个阶段的产品重点在于解决功能性问题。各种需求品被规模化、大批量地生产，千篇一律。具有明显时代特色的的确良衬衫、军大衣就是最佳案例。

第二阶段是以消费者为中心的互联网时代。在这个阶段，现代技术使产品被精分细化，电子商务和线下商务相结合，将产品销售给需要它们的人。这时产品的重点在资源的合理配置。

第三阶段是以场景为中心的移动互联网时代。场景将普世价值、人文关怀融入产品。一个叫作“江小白”的酒被年轻人追捧，而他们不仅是在消费酒，也是在张扬青春。喝“答案”奶茶的年轻人越来越多，是因为他们喝的不仅是奶茶，还有奶茶里的故事。可见，有故事、有个性、场景和产品深度串联，才能撬开时下年轻用户的内心。

随着消费主权时代的来临，品牌逐渐弱化，用户成为所有营销活动的中心。企业将场景刻画得离用户越近，就越能把握用户的消费理念和消费习惯，把控用户的内心。

以德芙巧克力为例。邓紫棋和金秀贤为德芙巧克力拍摄的广告片以舞台剧的形式呈现，讲述了男女主角在下雨天一见倾心的故事。在广告片中，邓紫棋的一句“下雨天，巧克力和音乐更配哦”瞬间将巧克力和下雨天绑在了一起。于是，消费者以后遇上下雨天就会想起德芙巧克力。这就是用户与场景连接的魔力。

企业通过场景的刻画将产品和用户的心境联系起来，强化了产品和用户的联系。所以，消费者开心了会吃彩虹糖，因为“玩味无限”；恋爱了会吃德芙，一起“纵享丝滑”；加班时会想买罐红牛，因为“困了累了喝红牛”。越来越多的案例表明，现在的商业竞争重心不在产品，而在用户体验。用户不会记住品牌的名称，只会记住产品给自己留下的感觉或者产品在朋友圈里的口碑。

链路营销减少了产品传播的中间环节，使产品能更快速地触达用户。这就意味着用户更多看到的是产品本身，而不是品牌或其他对产品的包装。所以，坚持以用户为中心是企业把握链路营销的关键。

12.2.3 新式传播链条助力产销合一

链路营销通过建立用户、产品、场景的闭环，将“人、货、场”三元素统一起来，真正做到了全流程营销。一般而言，全流程营销必须进行“人、货、场”三元素的重组或充实，而小米可以算得上其中的典范。

（1）人：用户的需求

小米和红米是小米公司旗下的两大系列产品。小米系列的系统性能强大，处理速度快；红米系列则更具性价比，价格十分便宜。这两类产品面向的人群也不同，小米系列深受白领人群的喜爱，而红米则在学生圈十分受欢迎。

（2）货：产品的打造

小米打造的高性能、高体验感的智能手机不仅硬件质量好，软件系统也广受用户好评。MIUI 的更新迭代一直围绕用户的需求和体验感做延伸和补充。因此，在同价位的手机中，小米格外受用户喜爱。

另外，小米通过建立“小米之家”“米聊”“小米商场”等矩阵产业，成功将品牌变成了互联网市场的超级 IP。

（3）场：场景的营造

小米的渠道宣传随着技术的发展越来越全面。小米曾联合 QQ 空间进行广告植入，当用户在 QQ 空间点赞时，会出现“小米 5X 拍人更美”的图片特效，配图是吴亦凡代言小米 5X 的宣传海报。同时，小米还在官方微博发布手机的转发赠送信息，一方面宣传新产品，另一方面回馈粉丝，增强他们的黏性，如图 12-1 所示。

小米公司
7月23日 20:00 来自 小米MIX 2S艺术特别版 已编辑
#小米平板4#LTE版， 明早10点首卖！
单手可握的8"屏幕， 骁龙660处理器，海量影视内容的追剧神器，LTE版4GB+64GB 1499元。

转发微博，抽送1台#小米平板4#LTE版。

图12-1 小米官微活动

小米也曾联合众多 IP 进行跨界合作，《西虹市首富》就是小米斥资打造的喜剧电影。除了影视，小米还同二次元人物初音未来跨界合作，通过不同的形式、渠道将小米品牌渗入每个人的生活中，如图 12-2 所示。

小米公司
7月27日 14:47 来自 小米MIX 2S艺术特别版
【小米影业联合出品电影 #西虹市首富# 今日上映】@沈腾 遭遇有钱人的烦恼，迎来"一个月花光十亿"挑战，快乐和痛苦并存的首富生活，突破想象的花钱奇招，槽点满满，欢迎观看。转发微博，抽送30张电影票。 小米公司的秒拍视频

图12-2 小米冠名《西虹市首富》

小米为回馈粉丝曾多次开展“米粉节”等活动。小米将每年的 8 月 16 日定为“米粉节”，每到这天就会推出大量活动回馈用户，用户点击专属的“米粉节邀请函”便可参与抽奖。同时，小米产品的优惠力度也是一年中最大的。

小米不断打造丰富的场景，以全流程营销的方式扩大了品牌的影响力。随着互联网经济的进一步发展，产销合一是商业发展的必然趋势。链路营销将用户、产品、场景串联起来，极大地缩短了产品到用户的时间，是传统企业转型的“加速器”。